JN126594

はじめに

　中小企業を巡る経営課題が多様化・複雑化する中、中小企業支援を行う支援事業の担い手の多様化・活性化を図るために、2012年8月30日に「中小企業経営力強化支援法」（現在の「中小企業等経営強化法」）が施行されました。そして、中小企業に対して専門性の高い支援事業を行う経営革新等支援機関を認定する制度が創設され、今では全国で32,816機関（2021年8月27日現在）が認定されています。

　この認定経営革新等支援機関制度は、税務、金融及び企業財務に関する専門的知識や支援に係る実務経験が一定レベル以上の個人、法人、中小企業支援機関等を、経営革新等支援機関として認定することにより、中小企業に対して専門性の高い支援を行うための体制を整備するものです。これにより、職業会計人（税理士・公認会計士）が中小企業支援に関する専門家として世に認められることになったとともに、職業会計人の新たな事業分野が創出されました。

　制度創設以降、中小企業金融円滑化法を根拠とし、認定経営革新等支援機関として多くの税理士が中小企業の企業再生・経営改善支援の担い手として活躍してきました。最近ではその役割はさらに拡大し、特例事業承継税制を中心とした事業承継への対応に加え、2019年末に発生した新型コロナウイルス感染症による経済危機により、新たにポストコロナ時代の中小企業の経営改善・事業再構築支援の担い手として、国から再び大きな期待が寄せられています。

　TKC全国会は租税正義の実現を目指し、関与先企業の永続的繁栄に奉仕する我が国最大級の職業会計人集団であり、2021年6月30日現在、会員数は全国で11,400名を数えます。

　TKC全国会では、認定経営革新等支援機関となった会員に向けて、経営改善計画策定支援事業（通称：405事業）の実践を支援するため、2014年にいち早く「7000プロジェクト」を発足させ、その申請実績

は6,439件（2021年6月30日時点）となっています。

　また、コロナ禍を受け、2021年4月に通称「ポストコロナ持続的発展計画事業」としてリニューアルされた早期経営改善計画策定支援の申請実績は8,242件（同時点）となっています。このように多くの申請実績を継続的に積み重ねてこられたのは、TKC全国会の事業目的のひとつである「中小企業の存続・発展に関する事業」として、経営支援実務研修会と呼ばれる中小企業支援の実践ノウハウを学ぶ全国統一の研修会を、20年近く継続的に開催できているからにほかなりません。

　さて、国が推し進めるDXの進展とともに、関与先企業の業務はますます効率化され、記帳代行や税務申告書の作成といった従来の業務領域だけでは、税理士として生き残れない時代が到来しています。また、コロナ禍という大きな環境変化により、DXへの対応、事業承継、経営改善、事業再構築の支援といった新たな業務領域への対応の必要性が急加速しています。認定経営革新等支援機関になることは、中小企業の経営者が「参謀」として信頼できる親身の相談相手を真剣に探し始めたときに、選ばれる税理士になるための第一歩となります。

　本書には、このような会計事務所を取り巻く経営環境の変化に対応するため、実際に学び、実践したTKC全国会会員のエッセンスが凝縮されています。関与先企業のライフステージに応じたソリューションの提供、国が打ち出す新たな施策への対応、他の支援機関と連携した関与先企業の支援、これらを実践するのが認定経営革新等支援機関である税理士の未来像といえます。

　本書が、職業会計人、とりわけ税理士として活躍されておられる皆さまが、全国津々浦々で、コロナ禍という大きな環境変化に対応しつつ、さまざまなライフステージにある中小企業に対しきめ細やかな中小企業支援を実践され、ひとりでも多くの中小企業経営者を笑顔にし、「中小企業の存続・発展」に寄与されるための一助となれば幸いです。

　　　　　　TKC全国会　中小企業支援委員会　編著者一同

目 次

TKC全国会 中小企業支援委員会とは

　TKC全国会は、租税正義の実現と関与先企業の永続的繁栄に貢献することを目的として結成された、我が国最大級の職業会計人集団（全国1万名超の税理士・公認会計士のネットワーク）です。

　TKC全国会は、次の6つの事業目的の達成に向けて活動しています。

1. 租税正義の実現
2. 税理士業務の完璧な履行
3. 中小企業の存続・発展の支援
4. TKC会員事務所の経営基盤の強化
5. TKCシステムの徹底活用
6. 会員相互の啓発、互助及び親睦

中小企業支援委員会は、その中で以下の2つの役割を担っています。

①中小企業の経営支援に関する事項
②金融機関及び各中小企業支援団体との連携強化

　認定経営革新等支援機関の制度発足から、当委員会が中心となって研修や実践活動の推進を行ってきました。その成果として、TKC会員による早期経営改善計画策定支援の実践件数は2021年8月末現在で8,200件を超え、認定支援機関全体の当事業の実践件数に対して60%超を占めています。

第 1 章

経営革新等支援機関
認定制度とは
どういう制度か

1 「認定経営革新等支援機関」とは

(1) 制度が創設された経緯

　中小企業を巡る経営課題が多様化・複雑化する中、中小企業支援を行う支援事業の担い手の多様化・活性化を図るため、2012年8月30日に「中小企業経営力強化支援法」が施行され、中小企業に対して専門性の高い支援事業を行う経営革新等支援機関を認定する制度が創設されました（以下、認定経営革新等支援機関を「認定支援機関」といいます）。

　この制度は、「税務、金融及び企業財務に関する専門的知識」「支援に係る実務経験」が一定レベル以上の個人、法人、中小企業支援機関等を、認定支援機関とすることにより、中小企業に対して専門性の高い支援を行う体制を整備するものです。

　認定支援機関が行う専門性の高い支援によって、中小企業の経営力の強化を図るわけですが、とりわけ重要なことは、**資金調達力・財務基盤の強化**です。

■企業会計の活用を通じた財務経営力・資金調達力の向上

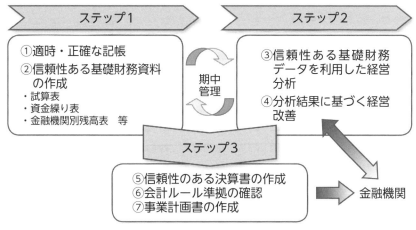

（出典："ちいさな企業"未来会議　取りまとめ、2012年）

■経営支援の担い手の多様化・活性化／中小企業金融

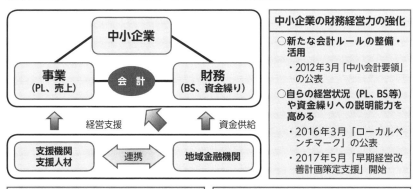

（経済産業省 中小企業政策審議会企業力強化部会 配付資料を参考に作成）

(2) 認定支援機関としての業務の範囲

　「何が認定支援機関の業務に該当するのか」という疑問も出てくると思います。ものづくり補助金や事業承継税制等の申請書を提出するような業務が注目されますが、認定支援機関の業務はそれだけではありません。税理士（会計事務所）が日頃取り組んでいる業務の中にも認定支援機関の業務に該当するものが多数含まれています。

　認定支援機関の業務は、中小企業等経営強化法第31条第2項に規定されており、

　①経営革新を行おうとする中小企業又は経営力向上を行おうとする中小企業等の経営資源の内容、財務内容その他経営の状況の分析

　②経営革新のための事業又は経営力向上に係る事業の計画の策定に係る指導及び助言並びに当該計画に従って行われる事業の実施に関し必要な指導及び助言

　をいいます。

　具体的には、税理士法人及び税理士の場合は、税理士業務に付随して行う財務書類の作成等、または中小企業等の経営状況の分析、事業計画の策定支援・実行支援（「経営革新計画」等の策定支援等を含む。）などが「経営革新等支援業務」に該当します。

　さらに、「認定経営革新等支援機関の任意調査」（アンケート）の選択肢の設定からも国が期待する業務が何であるか確認することができます。支援の内容の選択肢には、「財務分析・経営分析」「税務」「資金繰り」「事業計画策定」「ＩＴ利活用」「ローカルベンチマークの活用」などがあります。

　また、支援の分野の選択肢には、「経営改善」「経営力向上」「創業」「事業承継」「経営革新」「事業再生」「転廃業」などがあります。

　近年は税制や補助金による中小企業の支援においても、認定支援機関の指導等を受けることが要件に入るようになっています（第3章で詳述します）。

まさに、税理士にとっては認定支援機関になることが必須の時代になったといえるでしょう。

(3) 税理士は認定支援機関になりやすい

認定支援機関には誰でもなれるというわけではありません。具体的には以下に示す認定基準があります。しかし、これらの基準は税理士として3年以上の実務経験があれば満たすことができます。また、認定支援機関の候補となる士業が例示されている中でも、税理士法人と税理士が筆頭に挙げられており、認定支援機関にふさわしい存在として税理士が想定されていることが読み取れます。

■認定支援機関の認定基準

○中小企業・小規模事業者の財務内容等の経営状況の分析や事業計画の策定支援・実行支援を適切に実施する観点から、具体的には、以下のような認定基準としています。

(1) 税務、金融及び企業の財務に関する専門的な知識を有していること

・経営革新等認定支援機関候補として想定される者は、多岐多様にわたり、かつ、それぞれにおいて専門的な知識のメルクマールが異なることから、以下(イ)〜(ハ)の3分類で判断することとします。

(イ) 士業法や金融機関の個別業法において、税務、金融及び企業の財務に関する専門的知識が求められる国家資格や業の免許・認可を有すること

(税理士法人、税理士、弁護士法人、弁護士、監査法人、公認会計士、中小企業診断士、金融機関のみ本号に該当)

(ロ) 経営革新計画等^(※1)の策定に際し、主たる支援者^(※2)

として関与し、認定を受けた計画が3件以上あること

（ハ）（イ）や（ロ）と同等以上の能力[※3]を有していること

(2) 中小企業・小規模事業者に対する支援に関し、法定業務に係る1年以上の実務経験を含む3年以上の実務経験を有していること、または同等以上の能力[※3]を有していること

(3) 法人である場合にあっては、その行おうとする法定業務を長期間にわたり継続的に実施するために必要な組織体制（管理組織、人的配置等）及び事業基盤（財務状況の健全性、窓口となる拠点、適切な運営の確保等）を有していること。個人である場合にあっては、その行おうとする法定業務を長期間にわたり継続的に実施するために必要な事業基盤（財務状況の健全性、窓口となる拠点、適切な運営の確保等）を有していること

(4) 法第32条各号に規定される欠格条項のいずれにも該当しないこと

（イ）禁固以上の刑の執行後5年を経過しない者

（ロ）心身の故障により法定業務を適正に行うことができない者

（ハ）法第36条の規定により認定を取り消され、当該取消しの日から5年を経過しない者

（ニ）その他（暴力団員等）　等

（※1）「中小企業等経営強化法」、「中小企業者と農林漁業者との連携による事業活動の促進に関する法律」、「中小企業による地域産業資源を活用した事業活動の促進に関する法律」、「産業競争力強化法」等、国の認定制度に基づく計画を対象とする。

（※2）本制度の趣旨にそぐわないと考えられる場合（例えば、認定申請者又は更新申請を予定する支援機関（候補者）の間で相互に経営力向上計画の策定を行うこと、1つの計画作成に対し、「主たる支援者として関与した証明書」が不自然に複数者に対し発行されていること、支援者と支援先の中小企業等の代表者等が同一であること等）は、原則的に当該支援者は主たる支援者とは認められない。

（※3）中小機構にて指定された研修を受講し、試験に合格すること。商工会・商工会議所の場合は、「経営発達支援計画」の認定を受けていること。

コラム　経済産業省管轄の制度で税理士が採り上げられるのは異例!?

　士業にもいろいろありますが、税理士であれば国税庁といったように、それぞれ管轄する官庁が決まっていることは皆さんご存じのことと思います。

　経済産業省が管轄する士業といえば中小企業診断士であり、認定支援機関制度ができるまでは、経済産業省管轄の制度に組み込まれる士業といえば中小企業診断士であることが当たり前でした。認定支援機関制度において税理士がその対象にされているということは、それ自体が実は画期的なことなのです。

　その背景には、これまでの税理士の地道な取り組みがあったといえます。過去の「中小企業白書」等でも明らかにされたように、中小企業経営者へのアンケートでは、税理士が経営者の相談相手として断然1位の存在です。経営者の身近な相談相手である税理士に、脚光が当たったわけです。税理士に「財務を中心にした経営支援」の担い手になってもらうという趣旨が認定支援機関制度にはあるのです。

2 税理士は 必ず認定支援機関になるべき

(1) 顧問先企業には外部からさまざまなアプローチがある

　税理士の本来業務については、税理士法では第2条第1項に①税務代理、②税務書類の作成、③税務相談、を規定しており、また、第2項に「税理士業務に付随して、財務書類の作成、会計帳簿の記帳の代行その他財務に関する事務を業として行うことができる」と規定しています。一見すると、認定支援機関の業務は税理士業務とは関係のない業務のようにも見えます。

　しかしながら、認定支援機関の認定制度についての【FAQ集】において、税理士は、「①税理士法第2条第2項に規定する税理士業務に付随して行う財務書類の作成、会計帳簿の記帳の代行その他の財務に関する事務、②税理士法施行規則第21条で定める業務（税理士業務に付随しない財務書類作成、会計帳簿の代行、その他財務に関する事務）の全部又は一部を行うことができるため、中小企業経営力強化支援法の経営革新等支援業務を行うことができます」と記載されています。

　すなわち、税理士法第2条第2項の規定は、認定支援機関の業務が税理士の本来業務であることを確認しているといえます。

　一方で、「中小企業経営力強化支援法」には、「既存の中小企業支援者、金融機関、税理士・税理士法人等の中小企業の支援事業を行う者の認定を通じ、中小企業に対して専門性の高い支援事業を実現します」と記載されています。そもそも中小企業経営力強化支援法は、税理士のためだけに新たに生まれた法律ではなく、既存の「中小企業の新たな事業活動の促進に関する法律」の改正で、経営支援の担い手として

新たに税理士が追加されたに過ぎません。つまり、認定支援機関は税理士以外の中小企業支援者も認定を受けているということになります。

　認定支援機関の支援が必要な施策はさまざまなものがあります。その中には法人版事業承継税制や個人版事業承継税制のように、税制に関する施策も含まれています。税理士が認定支援機関である場合、これらの税制の活用について、認定支援機関として顧問税理士が支援を行うことができますが、税理士が認定支援機関でない場合、これらの税制を活用するためには、別途、認定支援機関の支援が必要になります。

　業界紙等の記事では、金融機関や司法書士、FP、行政書士など、さまざまな業種が認定支援機関としてDMやネット広告で中小企業に営業を掛けていることが紹介されています。そして、顧問税理士が認定支援機関でない場合、自分のヒモのついた認定支援機関である税理士との契約を迫るなど、認定支援機関ではない税理士に対する「税理士剥がし」が行われていることについても紹介されています。

　これらの「税理士剥がし」による顧問先の離脱を防ぐためには、言うまでもなく、自身が認定支援機関として認定を受けるべきです。

(2) 認定支援機関の実績は「見える化」が進んでいる

　上記の通り、認定支援機関の仕事が税理士の本来業務でもありますから、「税理士剥がし」の被害に遭わないためにも、認定支援機関になるべきです。しかし、認定支援機関として認定を受ければそれで「税理士剥がし」から身を守ることができるのかといえば、そうではありません。

　認定支援機関の制度が開始されたのは2012年です。当時は、とりあえず登録をしておこうという税理士や税理士法人もあったと思われます。その後、認定支援機関は増加していき、2021年6月25日の時点では、36,201機関が認定を受けています。これだけ認定支援機関

17

の数が増えてくると、認定支援機関が中小企業支援活動をしているのかどうかが問題視されるようになってきました。すなわち、認定支援機関として認定は受けているけれど、認定支援機関としての活動はしていないという支援機関が多く見受けられるようになったということです。

その後、認定支援機関の更新制度もスタートし、5年ごとの認定更新が必要になっています。法定業務を行う件数等の具体的な数値目標といったノルマが設けられているわけではありませんが、認定更新の申請時に、法定業務を遂行する能力、その実施体制及び実施状況等が確認されます。

また現在は、認定支援機関の実績の「見える化」が進んでおり、「認定経営革新等支援機関検索システム」で、各認定支援機関の経営改善計画策定支援等の件数が表示されるようになっています。認定を受けていても認定支援機関として活動していなければ、他の認定支援機関と明確に差別化されてしまうということです。

3 認定支援機関の ミッションとアクション

　国が認定支援機関に期待していること（中小企業庁説明会資料より）を「ミッション」と「アクション」に集約して、まとめると下図のようになります。地域の中小企業支援機関と連携してこれらを実践することで、**「あの事務所は頼りになる」と認知されることが重要**です。

■認定支援機関のミッションとアクション

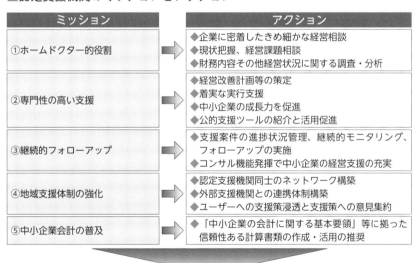

ミッション		アクション
①ホームドクター的役割	⇒	◆企業に密着したきめ細かな経営相談 ◆現状把握、経営課題相談 ◆財務内容その他経営状況に関する調査・分析
②専門性の高い支援	⇒	◆経営改善計画等の策定 ◆着実な実行支援 ◆中小企業の成長力を促進 ◆公的支援ツールの紹介と活用促進
③継続的フォローアップ	⇒	◆支援案件の進捗状況管理、継続的モニタリング、フォローアップの実施 ◆コンサル機能発揮で中小企業の経営支援の充実
④地域支援体制の強化	⇒	◆認定支援機関同士のネットワーク構築 ◆外部支援機関との連携体制構築 ◆ユーザーへの支援策浸透と支援策への意見集約
⑤中小企業会計の普及	⇒	◆「中小企業の会計に関する基本要領」等に拠った信頼性ある計算書類の作成・活用の推奨

(1) 中小会計要領の趣旨に則り、中小企業に適時・正確な記帳に基づく**月次決算体制の構築を支援**することにより、経営者の「迅速な業績把握」と「金融機関等の利害関係者に信頼される基礎財務資料のタイムリーな提供」を可能にすること。

(2) 月次の業績と経営計画・前期業績との**比較分析**を行い、改善課題を抽出し、その克服のための**打ち手の検討を支援**すること。

(3) 企業内外の経営環境を分析し、その分析結果に基づき、健全な企業には新たなる夢の実現のための**中期経営計画**、業績不振の企業には現状を打破するための**経営改善計画**の策定を支援をすること。

(4) **中小会計要領に基づいた信頼性のある決算書の作成を支援**すること。

（参考）認定支援機関が行う業務を整理したチェックリスト

　月次で関与している顧問先であれば、通常の月次巡回監査の中で中小企業の経営力を強化するための課題や問題点等を発見することができます。認定支援機関が行う業務について、月次巡回監査の枠組みで行うべきものと、一歩踏み込んで行うものに区分して、チェックリスト（一例）を作成しました。

	認定支援機関の業務	巡回監査の枠組みで行う業務		一歩踏み込んで行う業務	
経営改善計画策定支援事業	関与先の状況の把握	借入状況一覧表の作成			
		債務償還年数の算出			
		借換え、新規借入ニーズの把握			
	経営改善計画の利用申請	経営者への説明、説得		金融機関への説明・説得	
				経営改善支援センターへの利用申請	
	経営改善計画の策定	役員、資本関係の整理		資本関係図の作成	
		ビジネスモデルの確認		ビジネスモデル俯瞰図の作成	
		経営課題の抽出		窮境要因の抽出・除去可能性検討	
				アクションプランの策定	
		継続MASシステムでの予算策定		計数計画の策定	
	経営改善計画の合意形成	経営者との打ち合わせ		経営者との打ち合わせ	
				バンクミーティング	
				経営改善支援センターへの費用申請	
	経営改善計画の実行	毎月の巡回監査		経営者、経営幹部からのヒアリング	
		FX2（会計ソフト）による予実対比		経営会議等への出席	
		『月次経営チェックノート』の活用			
	経営改善計画の進捗確認	継続MASシステムによる業績検討会		モニタリング報告書の作成	
				経営改善支援センターへの費用申請	
補助金	ものづくり補助金 事業再構築補助金 事業承継補助金	設備投資ニーズの抽出		事業計画の検討	
		投資効果のヒアリング		申請書類の作成	
		申請要件の確認		外部専門家との連携	
資金調達	経営力強化保証 中小企業経営力強化資金 経営環境変化対応資金 企業再建資金	企業業績の把握		ビジネスモデルの把握	
		資金ニーズの把握		経営改善計画の策定	
				関係金融機関との調整	
		経営者との打ち合わせ		モニタリング	
税制	中小企業経営強化税制 先端設備導入計画	対象設備の投資情報の把握		経営改善に関する指導・助言	
				指導・助言にかかる証明書の発行	
		税制特例の適用		計画書の作成支援	

（出典：高田勝人税理士事務所資料、一部改変）

4 認定支援機関に必要な手続き等

（1） 認定支援機関の新規申請

　経営革新等支援機関の新規申請は、中小企業庁のウェブサイトにある電子申請システムから行います。申請内容の登録は、年に6回設定されている認定申請の受付期間内のみ実施可能です。ただし、受付期間外でも入力内容の一時保存は可能です。

　税理士については電子申請システムに沿って必要事項の記載をすれば申請は可能です。民間コンサルティング会社等である場合には経営革新計画等の策定支援の実績が求められ、「支援者からの関与を有する証明書」を提出する必要があります。税理士はこの証明書は不要であり認定を取得しやすい制度となっています。これは経営支援の担い手として多くの税理士に活躍してもらいたいという国の期待の現れではないでしょうか。

■認定経営革新等支援機関 電子申請システム

● 初めて利用する方へ

本システムは、認定経営革新等支援機関の申請・届出をする為の電子申請システムです。

システムを利用する場合は、GビズIDアカウント（gBizIDプライムもしくはgBizIDメンバー）が必要となります。
※GビズIDとは、1つのID・パスワードで様々な行政サービスにログインできるサービスです。
アカウントをお持ちでない方は**こちら**よりgBizIDプライムのご登録をお願いいたします。
GビズIDアカウントの取得には原則2週間程度かかりますので、計画的な取得をお願いいたします。

※GビズIDに関するお問い合わせは、**GビズIDサイト**トップページ下部の問い合わせ先をご確認ください。

● 新規/更新申請、変更/廃止届出を登録する

GビズIDアカウントにてログイン後、申請/届出の登録が可能となります。
申請/届出の登録方法は**こちら**をご確認ください。

※新規申請の受付期間について
新規申請については受付期間内のみ申請いただけます。受付期間は**こちら**をご確認ください。
なお、受付期間外でも一時保存機能により、申請内容の入力作業は行っていただけます。

● 2020/06/26以前に本システムへログインした方へ

2020/06/26以前に本電子申請システムにてアカウントを作成していただいた方も、
GビズIDアカウントでのログインが必要となります。
アカウントをお持ちでないは、**こちら**でgBizIDプライムのご登録をお願いいたします。

＜ 2020/06/26以前に作成した申請データの引継ぎに関して＞
GビズIDアカウント取得前に作成した申請データの引継ぎに関する詳細は**こちら**をご確認ください。

お知らせ　　　　　　　　　　　　　　　　　　　　　　　　　お知らせ一覧 ＞

2021年03月04日	一時支援金に関するお知らせ（一時支援金事務局HPの開設等）
2021年02月10日	「緊急事態宣言の影響緩和に係る一時支援金」における事業確認機関について
2021年01月22日	認定経営革新等支援機関の皆様へお知らせ（再周知）
2020年12月23日	中小企業等経営強化法第三十一条第一項に規定する経営革新等支援業務を行う者の認定等に関する命令の改正について
2020年02月03日	「支援者からの関与を有する証明書」の様式を掲載します

システムメンテナンス　　　　　　　　　　　　　　　　　　　お知らせ一覧 ＞

現在メンテナンス情報はありません

利用規約 ｜ プライバシーポリシー ｜ マニュアル（簡易版） ｜ マニュアル（詳細版） ｜ マニュアル（環境設定版） ｜ FAQ ｜ お問い合わせ

© The Small and Medium Enterprise Agency 2019

https://www.ninteishien.go.jp/

コラム　「gBizID プライム」の取得が必須に

令和2年6月26日より、認定支援機関の申請は完全電子化され、全ての申請をオンラインで行うことになりました。「認定経営革新等支援機関 電子申請システム」のログインには「gBizID プライム」の取得が必要となります。「gBizID プライム」アカウント登録には、①会社代表者本人（事業主本人）のメールアドレス、②印鑑証明書が必要になります。審査に1週間程度かかるため、期間に余裕を持って登録してください。gBizIDについては、gBizIDのウェブサイトをご参照ください。

https://gbiz-id.go.jp/top/

■ gBizID ウェブサイト

(2) 実績記録簿の作成と報告

　認定支援機関には、毎年、中小企業庁からの「認定経営革新等支援機関の任意調査」（アンケート）が行われます。本調査は「中小企業等の経営強化に関する基本方針」に基づいて実施されており、政策評価の観点に加え、国が認定支援機関の支援体制の状況等を把握するものです。

■「中小企業等の経営強化に関する基本方針」

第5の3の一のホ
　国は、認定経営革新等支援機関に対して、政策評価の観点から、定期的に経営革新等支援業務の実施状況や成果について、任意の調査等を実施するものとする。

　未回答の認定支援機関について、その支援業務が形骸化している場合には、今後、個別に報告を求めるなどの措置を取る必要が生じ、その結果によっては「認定取り消し」となる可能性もあります。

　認定支援機関としての活動を記録に基づき明確に回答できるよう、活動の実績記録簿等を作成するようにしましょう。活動の記録を残すことは、認定支援機関業務のPDCAサイクルを回すためにも重要です。

　なお、認定支援機関による支援実績を効率的に把握するため、認定支援機関に対してID番号が付与されています。中小企業庁ホームページの「経営革新等支援機関認定一覧」から確認してください。

（参考資料）

> **商業・サービス業・農林水産業活性化税制における経営改善に関する指導及び助言を行う機関（アドバイス機関）における事務について**
>
> （平成30年4月1日版、中小企業庁財務課、一部抜粋）
>
> **(1) アドバイス記録の管理等のお願い**
>
> 　中小企業者等にアドバイスを行った後は、アドバイスの記録を残してください。
>
> 　特段、記録簿等を備え付ける必要はありませんので、中小企業者等に渡した書類のコピーの保存でも結構です。
>
> 　中小企業庁では、今後、必要に応じて、税制措置の活用状況等を把握するため、アドバイス実績などの情報を皆様に求めることもありますので、記録の管理等に御協力いただきますようよろしくお願い申し上げます。
>
> 　なお、法人税については9年間、所得税については5年間の更正期間がありますので、トラブルを避ける意味では、アドバイス記録はそれぞれの更正期間中は保存されていることが望ましいと考えられます。

(3) 経営革新等支援機関の認定の更新制

　先にも述べたように、2018年の法律改正により認定支援機関の更新制度が導入されています。これは経営革新等支援機関の認定に5年の有効期間を設け、期間満了時に改めて業務遂行能力を確認するものです。具体的には専門的知識、法定業務を含む一定の実務経験、業務の継続実施に必要な体制が主な確認事項となります。更新の申請は新規申請と同様に「認定経営革新等支援機関　電子申請システム」を用

いて行います。

　また、経営革新等支援機関側から認定に係る業務を廃止しようとするときは届出を提出する制度が作られました。一方、欠格条項に該当した場合などには、主務大臣が認定の取消しをできることとなっています。

（4）認定経営革新等支援機関検索システム

　先に紹介した「任意調査」の回答結果はデータベースで管理され、「認定経営革新等支援機関検索システム」で公表されています。

　認定経営革新等支援機関（認定支援機関）の得意な支援分野や具体的な活動内容だけでなく、認定支援機関の関与を要する施策への支援実績等を調べることが可能であり、中小企業がニーズに応じ最適な認定支援機関を選択できます。

　「認定経営革新等支援機関検索システム」では、相談したい内容やエリアを入力することで、当該相談内容に対応できる認定支援機関や、当該エリアに所在する認定支援機関の得意な支援分野及び具体的な活動内容を検索することができます。

　認定支援機関にとっては、このシステムで実績を公表することで、認定支援機関の支援を必要とする中小企業にアピールできることになります。逆に言えば、「任意調査」にきちんと回答していないと、活動実績のない認定支援機関だとみなされてしまうことにつながりかねません。

　令和3年8月現在は、「事業再構築補助金」「経営改善計画策定支援事業」「早期経営改善計画策定支援事業」「ものづくり補助金」「事業承継補助金」「商業・サービス業・農林水産業活性化税制」の支援実績が公開されています。

■認定経営革新等支援機関検索システム トップ画面

https://ninteishien.force.com/NSK_CertificationArea

27

■認定経営革新等支援機関検索システム 検索画面

第2章

認定支援機関としての事務所体制づくり

1 税理士が認定支援機関として行うべき支援の形

（1）認定支援機関の経営支援の３つのステップ

　第1章でご説明したとおり、認定支援機関には、中小企業に対し経営支援・経営助言を行うことが求められています。具体的には次のような3つのステップに沿って業務を実践していくこととなります。

ステップ1 **適時・適切な会計帳簿の作成による月次決算体制の構築と信頼できる決算**
　　■行うべき支援
　　　経理指導を通した関与先の自計化、中小会計要領の普及・活用

ステップ2 **実現可能性の高い計画**
　　■行うべき支援
　　　企業のライフステージに応じた中期経営計画の策定支援
　　（例）創業計画、新規投資計画、経営改善計画、事業承継計画

ステップ3 **確実なフォローアップ**
　　■行うべき支援
　　　月次決算、四半期決算ごとのモニタリング、決算検討会の実施

　これらを図にすると次ページのとおりです。

■認定支援機関の強みを活かした経営支援の形

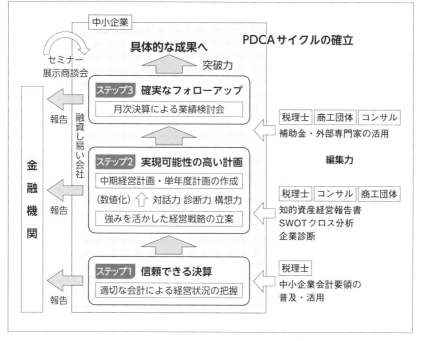

(出典：関東経済産業局資料)

(2) 関与先企業の財務経営力・資金調達力向上に向けた取り組み

　経営計画策定支援や経営改善支援などと並び、認定支援機関として行う重要な業務として企業の財務経営力の向上・資金調達力の向上の支援があります。

　認定支援機関として関与先企業の財務経営力と資金調達力を強化していくためには、まず、全ての関与先企業の財務経営力レベルについて、**「書ける」「読める」「使える」「見通せる」「話せる」**の5フェーズに分類し（次ページの図表）、それぞれの状況を把握することが大切です。

■財務経営力と資金調達力向上の全体像

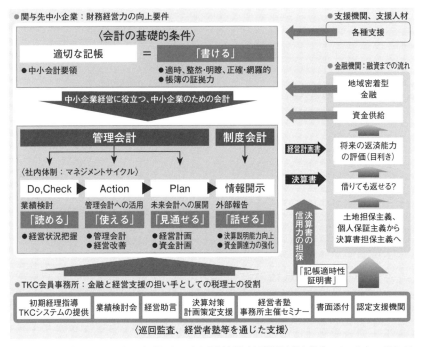

(出典：TKC全国会『平成28年経営革新等支援機関情報交換会テキスト』一部改変)

以下、上図の5フェーズについて個別に見ていきます。

①「書ける」

　「書ける」とは、関与先企業が日々の取引を適時に整然とかつ明瞭に、しかも網羅的に記帳することにほかなりません。関与先企業がそれを行うことにより帳簿の証拠力を高めることになります。

　『「中小企業の会計に関する基本要領」の適用に関するチェックリスト』(102ページ参照)は、中小企業の実態に合わせたチェック項目を備え、第三者が求めている「ここまではきちんと書いてください」という要請に関与先企業がどこまで応えているかを示すものになります。全ての項目を関与税理士がチェックし、できるかぎり全ての項目に「NO」

が付かないように指導・助言し、「NO」が付いた項目にはその理由を所見欄に記入するなど、金融機関に対して誠実に対応する必要があります。

② 「読める」

「読める」について説明する前に、なぜ「書ける」が必要なのかをもう一度考えておきましょう。

税務申告書作成のために「書ける」が求められているとしたら関与先企業の記帳に対する意欲は低下することでしょう。「書ける」は、「読める」「使える」「見通せる」「話せる」を実現するために最低限行わなくてはならない必須事項（財務経営力の向上要件）であるといえます。

関与先企業の経営者が日々の取引を適時に整然とかつ明瞭にしかも網羅的に記帳した結果として「見える化」（業績検討）が実現し、経営状況を定量的に把握することや、チャンスや課題を見つけることが可能になります。

経営者が前に進もうとしたときに、一寸先も見えないほどの霧が立ち込めていたら全力で走ることができるでしょうか？　霧の先には大きな穴があいているかもしれないし、崖があるかもしれない。しかし「オアシス」があるかもしれません。霧の先にある「穴」や「崖」、「オアシス」を正確に見えるようになることが「読める」には必要不可欠なのです。

③ 「使える・見通せる」

チャンス（オアシス）や課題（穴や崖）が明確になったら次はそのチャンスを生かし、課題を克服するにはどうすべきかを考えなくてはなりません。穴があいていれば穴を埋め、崖があるのなら橋を架けなくてはいけない。橋を架けるのに莫大なコストがかかるのであれば、他の方法を考えなくてはいけないのです。

やろうとしていることにコストがかかり、自己資金で賄えないのであれば、資金をどのようにどこから調達すればいいのか。返済の必要があれば返済期間はどのくらいで、返済原資をどこに求めるのかを明確にしておく必要が出てきます。

　関与先企業の中にある答えをできる限り多く引き出し、それらを数値化して経営計画・資金計画に落とし込むことで計画の実現可能性は高まります。たくさんの答えを引き出すには相当の時間が必要ですが、月次巡回監査の効率を上げていくことで「聴く」時間はつくれるはずです。

④「話せる」

　円滑な資金調達には情報の開示が求められます。その情報は過去の情報、現在の情報、未来の情報で、これらの情報は、「書ける」「読める」「使える」「見通せる」を、継続的に行うことで十分に提供できると考えられます。自分の会社のことが手に取るように分かっていれば金融機関・保証協会・支援機関、誰に対しても自信をもって話せるはずです。まさに、高い財務経営力を基礎にした資金調達力の強化の王道であるといえます（32ページ全体像図の右側）。

⑤経営者が「話し」、われわれが「聴く」

　以上のように、関与先企業の財務経営力レベルに合わせて、前述した「書ける」「読める」「使える」「見通せる」「話せる」の5つのフェーズに対応するソリューションを提供していくことで、認定支援機関としての役割の多くを果たすことができます。

　会計事務所は既成概念として、月次巡回監査が終了した後、前月の数値について経営者に説明をするというイメージを持ってはいないでしょうか。しかし、「話せる」経営者は月次巡回監査が終了し面談した時に、自ら「何か修正はありましたか？」と聞いてきます。つまり、会計事務所が月次巡回監査に行く前に巡回監査対象月の数字にすでに

目を通しているのです。

　関与先企業の経営者が会社の業績を説明する（話す）ことに慣れるように、月次巡回監査の中で経営者が「話し」、われわれが「聴く」という時間を設けてトレーニングしていきましょう。

2 認定支援機関としての事務所体制の構築

　前述のとおり、税理士（会計事務所）が日頃取り組んでいる業務の中にも認定支援機関業務に該当するものが含まれています。しかし、認定支援機関として実施する業務は税理士法第2条に定める税理士業務の範囲と比べると、より広範な業務を含むことになります。また、認定支援機関としての中小企業の支援は、事務所の所長だけでなく、スタッフも行うことになります。そこで、認定支援機関業務を行うにあたっては、「事務所として認定支援機関の役割を果たせる体制をつくる」ことが必要になります。

　事務所体制づくりのスタートとして重要となる「事務所として認定支援機関の活動を盛り上げるための取り組み」を例示します。

■認定支援機関としての活動を盛り上げる取り組み例

□　「認定通知書・認定書」を事務所に掲示する

□　事務所が認定支援機関になったことを関与先に通知する

□　事務所の名刺や封筒に「○○財務局及び○○経済産業局認定 経営革新等支援機関」と印刷する

□　事務所の看板に「○○財務局及び○○経済産業局認定 経営革新等支援機関」と明記する

□　事務所のホームページに「○○財務局及び○○経済産業局認定 経営革新等支援機関」と明記する

□　「中小会計要領チェックリスト」を決算書に添付する

□　認定支援機関としての経営計画を策定する（目標数値設定）

□　「支援カルテ」を作成し、関与先ごとの支援計画を立案する

□ 認定支援機関としての支援メニュー・支援料金を決定・開
示する

　このような取り組みを行い、事務所全体で認定支援機関の役割を果
たしていくことが確認できたら、次に事務所業務の中に認定支援機関
業務をどのように落とし込むかを検討します。日頃から関与先企業の
経営助言業務を実施している場合には、その中で認定支援機関業務と
して制度上用意されている計画策定支援や補助金申請など、関与先企
業のためになるさまざまな制度の利用を検討します。

　事務所業務の中で経営助言業務を実施していない場合には、これま
での税理士業務に加え、認定支援機関業務を行う際に必要となる経営
者との定期的な対話を実施する時間の確保などをしなければなりませ
ん。これまでの事務所の業務フローとは異なる業務の実施や一部業務
フローの変更が必要となる場合が考えられます。

　いずれにしても、認定支援機関業務を実施するために、事前に事務
所体制の見直しを行うことが、今後の円滑な業務の実施のために必要
となります。

コロナ禍で認定支援機関への期待が高まる

　新型コロナの影響が長期化する中で、令和3年になって政府が打ち出す各種施策に認定支援機関が活用されるようになっています。「緊急事態宣言の影響緩和に係る一時支援金」や「月次支援金」において、認定支援機関は登録確認機関として申請者が申請要件を満たしているかの確認をする役割を求められました。「一次支援金」や「月次支援金」の登録確認業務は、中小企業者が給付申請をする際に、事業実態や給付要件を正しく理解しているか等を確認するのが主な内容です。われわれ税理士である認定支援機関は、日頃から関与先の会計帳簿や原始資料の確認を通じて、事業実態や帳簿の適正性を判断する目を持っています。持続化給付金の際は不正受給も少なくなかったことから、国は「一次支援金」「月次支援金」では認定支援機関が事前確認を行うスキームを導入しました。

　また、令和3年度の目玉である「事業再構築補助金」においては、企業が認定支援機関と計画を策定し、その後も一体となって事業再構築に取り組むことが要件のひとつとなりました。事業計画を共に作成し、計画の進捗状況を確認しながら、実現に向けて伴走型支援をしていくことは、定期的に接触するビジネスモデルを持つ税理士である認定支援機関にぴったりの内容といえます。

　最近の傾向として、国が認定支援機関の実績を認め、さらに公的な役割を期待していることが見て取れます。ますます脚光を浴びる認定支援機関としてしっかり活動していきましょう。

認定支援機関が活用を 支援できる施策等

1 認定支援機関のサポートが求められている「経営力向上計画」

　中小企業の経営力を強化するため、2016年8月に中小企業等経営強化法が施行されました。この法律では、中小企業の経営力を強化するため、現状の課題を認識し、具体的に改善の取り組みをまとめる「経営力向上計画」のサポートを認定支援機関に求めています。

　「経営力向上計画」はA4判3枚程度の分量で、人材育成、コスト管理等のマネジメントの向上や設備投資など、自社の経営力を向上するために実施する計画をまとめるものです。認定された事業者は、税制や金融の支援等を受けることができます。

■経営力向上計画のスキーム

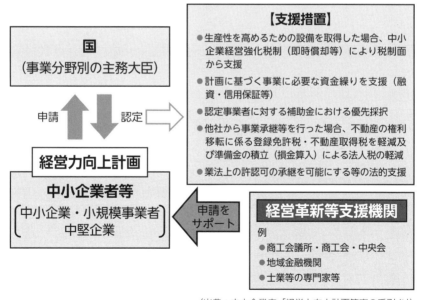

（出典：中小企業庁「経営力向上計画策定の手引き」）

2 認定支援機関のみ活用を支援できる税制

　認定支援機関の関与が必須である税制が増えてきています。事業承継や設備投資に関するものであり、適用にあたり何らかの計画が必要になるものが多いのが特徴です。ここではその一部をご紹介します。

　事業承継にしても設備投資にしても、関与先企業が実施した後に分かったのでは遅いので、事前に相談してもらえる関係づくりが重要になります。

　税制については時限措置のものや改正されるものがあるため、最新の情報は国税庁のウェブサイト等でご確認ください。

(1) 特例事業承継税制（法人向け）

　平成30年度税制改正により「特例事業承継税制」が創設され、一定の手続きによって一括で贈与等をした非上場株式等の贈与税額が全額納税猶予されます。贈与した先代経営者の死亡の際には贈与時の評価額が相続税の課税対象とされますが、これも全額納税猶予されます。

　納税猶予の適用を受けるにあたっては、「特例承継計画」を作成して都道府県に提出することが必要です。この「特例承継計画」を作成する際は、認定支援機関の指導・助言を受けることが必須とされています。

　この税制は含み益がある非上場株式等を税負担なしに後継者に移転することを可能とする制度です。それだけに注意点もあります。この制度の最大の注意点は、猶予されている贈与税や相続税の納税猶予が取り消される可能性があることです。

　納税猶予が取り消される可能性として考えられることは、①出口戦

略、②資産管理会社に該当する、という2つです。

　①出口戦略としては、納税猶予を受けている非上場株式等について、M&Aなどにより売却するといったことがあります。M&Aなどによって、納税猶予を受けている非上場株式等が売却されると、納税猶予が取り消されることになります。すなわち、贈与税や相続税の納税が復活することになります。

　また、②資産管理会社に該当するということについては、そもそもこの制度は資産管理会社が対象となっていません。そのため、制度適用後であっても、資産管理会社に該当してしまうと納税猶予が打ち切られることになります。

■一般制度と特例制度の相違点

項　目	一般制度	特例制度
対象株式	総株主等議決権数の 3分の2	全株式
相続時の猶予対象評価額	80％	100％
雇用確保要件	5年平均80％維持	実質撤廃
贈与者	複数株主	複数株主
後継者	後継経営者1人のみ	後継経営者3名まで （10％以上の持株要件）
相続時精算課税	推定相続人等後継者のみ	推定相続人等以外も 適用可
経営承継期間後の 減免要件	民事再生・会社更生時に その時点の評価額で相続 税を再計算し、超える部 分の猶予税額を免除	左欄の内容に譲渡・合併 による消滅・解散時が加 わる
特例承継計画の提出	不要	要
認定支援機関の関与	不要	要
提出期間	－	2018年4月1日から 2023年3月31日まで
先代経営者からの 贈与の期間	なし	2018年1月1日から 2027年12月31日まで

(2) 個人版事業承継税制

　平成31年度税制改正により「個人版事業承継税制」が創設されました。一定の手続きによって、個人事業者が事業用資産を贈与等により取得した場合において、当該事業用資産に対する贈与税等の納税が猶予及び免除されます。

　この税制の適用を受けるには、原則として2019年4月1日から2024年3月31日までに、認定経営革新等支援機関の指導・助言を受けて作成した「個人事業承継計画」を都道府県に提出しなければなりません。

　本制度は、相続税の小規模宅地等の評価減の制度との選択適用となります。そのため、綿密なタックスプランニングを必要とします。また、特定事業用資産の譲渡等をした場合、納税猶予は打ち切られることとなりますから注意が必要です。

■相続税の個人版事業承継税制と小規模宅地等の特例との適用関係

	適用を受ける小規模宅地等の区分	個人版事業承継税制の適用
イ	特定事業用宅地等	適用を受けることはできません。
ロ	特定同族会社事業用宅地等	「400㎡－特定同族会社事業用宅地等の面積」が適用対象となる宅地等の限度面積となります[※1]。
ハ	貸付事業用宅地等	「$400㎡ - 2 \times (A \times \frac{200}{330} + B \times \frac{200}{400} + C)$」が適用対象となる宅地等の限度面積となります[※2]。
ニ	特定居住用宅地等	適用制限はありません[※1]。

※1　他に貸付事業用宅地等について小規模宅地等の特例の適用を受ける場合には、ハによります。
※2　Aは特定居住用宅地等の面積、Bは特定同族会社事業用宅地等の面積、Cは貸付事業用宅地等の面積です。
(出典:国税庁「個人の事業用資産についての贈与税・相続税の納税猶予・免除(個人版事業承継税制)のあらまし」)

■相続税の個人版事業承継税制と小規模宅地等の特例（特定事業用宅地等）との主な違い

	個人版事業承継税制	小規模宅地等の特例
事前の計画策定等	5年以内の個人事業承継計画の提出 平成31年4月1日から 令和6年3月31日まで	不要
適用期限	10年以内の贈与・相続等 平成31年1月1日から 令和10年12月31日まで	なし
承継パターン	贈与・相続等	相続等のみ
対象資産	・宅地等（400㎡まで） ・建物（床面積800㎡まで） ・一定の減価償却資産	宅地等（400㎡まで） のみ
減額割合	100％（納税猶予）	80％（課税価格の減額）
事業の継続	終身	申告期限まで

（出典：国税庁「個人の事業用資産についての贈与税・相続税の納税猶予・免除（個人版事業承継税制）のあらまし」）

（3）先端設備等導入制度による支援（先端設備等導入計画）

　事業者が認定支援機関の確認を受けて市区町村に先端設備等導入計画の認定を申請し、認定を受けた場合には、当該計画に基づいて投資した設備について、固定資産税が3年間軽減されます。軽減率等は自治体の裁量によりますが、ゼロとする自治体がほとんどです。

　本制度を適用するためには、適用対象設備等を取得する前に、以下の手続きが必要になります。

　①中小企業者等が設備メーカー等に対し証明書発行依頼

　②設備メーカー等が工業会等に証明書発行申請

　③工業会等が設備メーカー等に証明書を発行

　④設備メーカーから中小企業者等が証明書を入手

　⑤中小企業者等が認定支援機関に事前確認書の発行依頼

　⑥認定支援機関が中小企業者へ事前確認書を発行

　⑦中小企業者等が市区町村へ計画を申請

⑧市区町村が中小企業者等の計画を認定

　設備取得前までに先端設備等導入計画の認定を受けることが必須となります。ただし、先端設備等導入計画の申請・認定前までに、工業会の証明書が取得できなかった場合でも、認定後から賦課期日（1月1日）までに、様式第23による誓約書及び工業会証明書を追加提出することで3年間特例を受けることが可能です。

（4）中小企業等経営強化法による支援（経営力向上計画）

①中小企業経営強化税制

　青色申告書を提出する中小企業者等が、中小企業等経営強化法の認定を受けた「経営力向上計画」に基づき、一定の設備（次ページ表参照）を新規取得等して指定事業の用に供した場合には、即時償却又は取得価額の10％（資本金3千万円超1億円以下の法人は7％）の税額控除を選択適用することができます。

　なお、同じ設備等について、一部の制度を除き、他の租税特別措置法に基づく税制措置との併用はできません。

　本制度も、経営力向上計画の認定を受けてから設備を取得する必要があります。ただし、例外として設備取得が先行してしまった場合は、設備取得日から60日以内に経営力向上計画が受理されなければなりません。

　また、税制の適用を受けるためには、設備を取得し、事業に供用した事業年度内に認定を受ける必要があります。

（注1）税額控除額は、中小企業経営強化税制、中小企業投資促進税制の控除税額の合計で、その事業年度の法人税額又は所得税額の20％までが上限となります。なお、税額控除の限度額を超える金額については、翌事業年度に繰り越すことができます。

（注2）特別償却は、限度額まで償却費を計上しなかった場合、その償却不足額を翌事業年度に繰り越すことができます。

■一定の設備等とは

類型	生産性向上設備（A類型）	収益力向上設備（B類型）	デジタル化設備（C類型）	経営資源集約化に資する設備（D類型）
要件	生産性が旧モデル比年平均1％以上向上する設備	投資収益率が年平均5％以上の投資計画に係る設備	可視化、遠隔操作、自動制御化のいずれかに該当する設備	修正ROAまたは有形固定資産回転率が一定割合以上の投資計画に係る設備
確認者	工業会等	経済産業局		
対象設備	・機械装置（160万円以上） ・工具（30万円以上） 　（A類型の場合、測定工具又は検査工具に限る） ・器具備品（30万円以上） ・建物附属設備（60万円以上） ・ソフトウエア（70万円以上） 　（A類型の場合、設備の稼働状況等に係る情報収集機能及び分析・指示機能を有するものに限る）			
その他要件	生産等設備を構成するものであること（事務用器具備品・本店・寄宿舎等に係る建物附属設備、福利厚生施設に係るもの等は該当しません）／国内への投資であること／中古資産・貸付資産でないこと等			

※1 発電用の機械装置、建物附属設備については、発電量のうち、販売を行うことが見込まれる電気の量が占める割合が2分の1を超える発電設備等を除きます。また、発電設備等について税制措置を適用する場合は、経営力向上計画の認定申請時に報告書を提出する必要があります。詳しくは「経営力向上計画策定の手引き」P23を確認してください。

※2 医療用の器具備品・建物附属設備については、医療保健業を行う事業者が取得又は製作をするものを除きます。

※3 ソフトウェアについては、複写して販売するための原本、開発研究用のもの、サーバー用OSのうち一定のものなどは除きます。詳しくは「中小企業税制パンフレット」P22の対象となるソフトウェアを確認してください。

※4 働き方改革に資する減価償却資産であって、生産等設備を構成するものについては、本税制措置の対象となる場合があります。詳しくは質疑応答事例（国税庁）をご確認ください。
https://www.nta.go.jp/law/shitsugi/hojin/04/16.htm

②所得拡大促進税制（中小企業向け）の上乗せ措置

　中小企業者が、雇用者給与等支給額[※1]を前年度比で1.5％以上増加させた場合に、前年度からの増加額の15％（法人税額又は所得税額の20％が上限）の税額控除が受けられます。さらに雇用者給与等支給額が前年度比で2.5％以上増加し、一定の要件[※2]を満たす場合、給与総額の前年度からの増加額の25％を税額控除できる上乗せ措置が設けられています。

> [※1]　雇用者給与等支給額＝全ての従業員に支払った給与等の総額（役員等に支払った給与等は除く）。ただし、給与等に充てるため他の者から支払を受ける金額がある場合には、当該金額を控除する。
>
> [※2]　一定の要件＝以下のいずれか
>
> 　ア．教育訓練費が前年度比で10％以上増加していること
>
> 　イ．適用年度の終了の日までに中小企業等経営強化法に基づく経営力向上計画の認定を受けており、経営力向上計画に基づき経営力向上が確実に行われたことにつき証明がされていること
>
> 　　この一定の要件のイでは、「経営力向上が行われたことに関する報告書」を経済産業省に対し、経営力向上計画申請プラットフォーム（https://www.keieiryoku.go.jp）で報告し、報告書類等を税務申告書に添付することとなっています。

コラム　認定支援機関に関する税制を
適用しなかったことによる税理士賠償リスク

　本書では、税理士は当然に認定支援機関になるべき
と考えていますが、税理士が認定支援機関になるかど
うかはもちろん自由です。ただし、認定支援機関の関
与が条件の税制を適用しなかった場合、税理士賠償リ
スクがないとはいえません。

　本章でご紹介した税制はいずれも認定支援機関の指
導・助言のもと計画等を作成することが条件です。そ
もそもその計画策定等をしなければ税制の適用は受け
られないので優遇税制の適用失念には該当しないとい
うことになりますが、もし顧問税理士以外の他の認定
支援機関が関与して計画等を作成していた場合には税
理士賠償のリスクが出てくることも考えられます。そ
のような状況にならないようにするためにも、認定支
援機関として指導・助言を通してまずは計画等の作成
に関与し、かつ優遇税制も適用するというのが望まし
い形だと考えます。

　また、税理士賠償にはならなかったとしても、優遇
税制の紹介、説明を怠ったことにより関与先が優遇税
制適用の機会を逸失してしまった場合、顧問税理士を
変えるということも十分考えられます。そのため、認
定支援機関業務と税務申告までを一気通貫で支援でき
る事務所体制の整備が必要です。

3 経営改善計画策定支援事業

（1）制度の概要

　経営改善への取り組みが必要な中小企業等が、認定支援機関の助言を受けて次に掲げる経営計画を策定する場合に、計画策定費用（モニタリング費用を含む）の2/3が補助されます。

　①早期経営改善計画……（2）参照

　②経営改善計画……（3）参照

　また、この事業では対応できない本格再生計画は、中小企業再生支援協議会事業で対応することになります。

　経営改善支援業務の経験が少ない場合は、比較的簡易な計画でよい早期経営改善計画の策定支援から取り組むとよいでしょう。

■経営改善支援の目指したい方向性（イメージ）

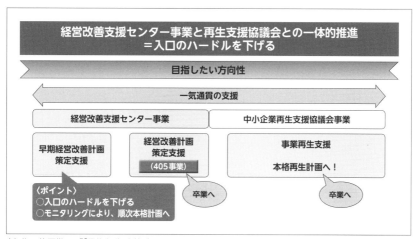

（出典：藤原敬三『「早期経営改善計画策定支援」のねらい』中小企業再生支援全国本部、一部改変）

■405事業の経営改善計画と早期経営改善計画との主な違い

	405事業の 経営改善計画	早期経営改善計画
計画書の内容	計画3表（PL、BS、CF）	PL計画のみでも可
	計画期間は5年程度	計画期間は1年〜5年で任意
金融支援	リスケ、新規融資などが必須	金融支援不要
同意確認	すべての取引金融機関へ 計画を提出	メインバンクのみに 計画を提出
	すべての金融機関から 同意書を取得	メインバンクからの受取書を 取得（同意書は不要）
モニタリング	1〜12カ月毎に3年間 （半年〜1年毎に行うケースが多い）	1年後に1回のみ
補助金	最大200万円	最大20万円

（出典：藤原敬三『「早期経営改善計画策定支援」のねらい』中小企業再生支援全国本部、一部改変）

■経営改善計画策定支援事業の再利用について

1回目	2回目	利用可否
早期経営改善計画 策定支援	早期経営改善計画 策定支援	2回目は利用不可
早期経営改善計画 策定支援	405事業	利用可
405事業	早期経営改善計画 策定支援	2回目は利用不可
405事業	405事業	新型コロナの影響を受けた 場合、1社200万円の予算 範囲内で2回目も利用可

（2）早期経営改善計画策定支援（通称：ポストコロナ持続的発展計画事業）

　早期経営改善計画策定支援は、企業が重い病気になる前に自社の健康状態に気づいてもらおうというねらいがあります。「改善」という名称ですが、経営状態が悪い企業でなくても利用できます。まず早期経営改善計画を策定し、計画実施後はモニタリングを行います。

①対象企業

　今後の経営について見直す意思を有する会社や個人事業者ですが、既に経営改善計画策定支援事業（405事業）や再生支援協議会事業を活用した企業は利用できません。なお「早期経営改善計画策定支援」の利用は1回限りです。

②ポイント

1）金融機関の同意が不要

　利用申請時の「事前相談書」の取得と計画策定時の「受取書」の取得が必要です。

2）無借金経営の会社でも利用できる

　決済口座のある金融機関から「事前相談書」を取得してください。

3）金融機関に計画を提出する

　金融機関は現在の経営課題や今後の展望を知ることができます。

③策定支援の流れ

1）メイン金融機関への事前相談

　メイン金融機関に「早期経営改善計画策定支援」の活用を相談し、「事前相談書」を入手します。

2）経営改善支援センターへの相談と「利用申請書」の提出

　企業と認定支援機関の連名で「利用申請書」を作成し、経営改善支援センターに提出します。

3）経営改善計画策定

　自社の現状分析を行い、経営課題を整理してそれに対する具体的な行動計画をまとめます。3期程度の実績のすう勢から見た将来の成り行き予測を行い、行動計画による変化の予測数値を加えてシミュレーションを繰り返し、3カ年程度の計画を策定します。（計画策定における具体的な手法等は次章で解説します）

4）メイン金融機関への届け出

　策定した計画をメイン金融機関に届け出て、「受取書」を受け取ります。

5) 経営改善支援センターへの「受取書」と「支払申請書」等の提出
　　金融機関から受け取った「受取書」と計画策定費用に対する補助金の「支払申請書」を経営改善支援センターへ提出します。
6) 計画の実行とモニタリングの実施
　　作成した計画を年度予算として活用し、社長が毎月、予算と実績を比較・検討できるように支援します。
　　1年後にモニタリングを行います。
7) 経営改善支援センターへの「支払申請書」の提出
　　モニタリング費用に対する補助金の「支払申請書」を経営改善支援センターへ提出します。

モニタリングとは

(1) モニタリングの仕組み

　作成した早期経営改善計画が計画どおりに進捗し、経営改善が図られているかどうかを、計画書作成後1年を経過した最初の決算時にチェックすることになっています。計画の実現可能性を高めるためには、少なくとも毎月、月次決算の際などに、会計事務所と共に計画と実績の差異を確認する業績管理の仕組みを構築することが望ましいです。その結果に応じて具体的な打ち手を決めて実行していくことになります。

(2) モニタリングの3つの種類

　モニタリングは、財務・事業・資金繰りの3つに分類することができます。

①財務面

　アクションプランを実行すれば、その結果は、財務の数字に表れます。その財務の数字を計画の数字と比較するのが、

「財務のモニタリング」です。財務のモニタリングでは売上高、限界利益額、当期利益等が、計画目標に比べ、どの水準で推移しているかを確認します。

②事業面

予算未達成の場合は、その原因を早期に明らかにする必要があります。部門別分析、行動計画の実施状況の確認、経営課題に対する打ち手の有効性の見直しなどが必要となります。これらの進捗状況を把握するのが「事業のモニタリング」です。

月次ベースでは、行動計画表を基に、実行の有無を確認します。また、財務データを基にその効果の測定を行います。さらに四半期に一度は、業績検討会を開き、事業のモニタリングを行い、必要があれば経営課題の解決策を見直すことが望ましいです。

③資金面

「資金繰りのモニタリング」では、資金繰り実績表、資金繰り予定表、毎月の支払一覧表、入金一覧表をもとに、資金の管理を行います。

(3) 経営改善計画策定支援 (通称：405事業)

借入金の返済負担等、財務上の問題を抱えていて、金融支援が必要な中小企業・小規模事業者が対象です。

こうした中小企業・小規模事業者の多くは、自ら経営改善計画等を策定することが難しい状況です。認定支援機関が依頼を受けて経営改善計画の策定支援を行うことにより、中小企業・小規模事業者の経営改善を促進します。

①対象企業

借入金の返済負担等の影響により財務上の問題を抱えているが、

経営改善計画の策定支援を受けることにより、金融機関からの支援（条件変更や新規融資等）が見込める中小企業・小規模事業者です。

②ポイント

1) 金融支援の有無

　利用申請の段階で、貸付条件を変更しているかどうかは関係ありません。金融機関からの金融支援を受けようとする、あるいは現在、金融支援を受けている事業者が引き続き金融支援を受けようとする場合に対象となります。

2) 借入金のある金融機関や信用保証協会の同意が必要

　金融支援を受けることが条件のため、経営改善計画について債権者である各金融機関の同意が必要です。なお、信用保証協会の保証付き債権である場合には、信用保証協会からの同意も必要です。

　バンクミーティングを開催するなどして、事業者が計画について説明を行い、認定支援機関は円滑な説明できるよう支援します。

3) 経営改善に向けた対応策の実施

　たとえ金融機関から返済条件を緩和してもらっても、経営改善に向けた対応策を講じない限り、なかなか業況は好転しません。経営者の経営改善の覚悟も重要になります。

4) 連名での申請

　必要に応じて、他の認定支援機関と専門家チームを構成し、連名で申請することもできます。

5) 外部委託が可能

　経営改善計画策定の主な部分を自らの業務として行うことを前提に、事業DD・財務DD・不動産鑑定業務等を外部委託することができます（認定支援機関以外も可）。

③策定支援の流れ

1) メイン金融機関への事前相談

　認定支援機関に主要金融機関（メイン行又は準メイン行）が含まれない場合は、経営改善計画策定支援について協力することの

確認書面を提出します。

　確認書面は、申請時において、計画策定の結果、主要機関が金融支援を検討することについての意向を示したものであり、金融支援を確約する性質のものではありません。

2）経営改善支援センターへの相談と「利用申請書」の提出

　事業について費用負担することが適切と判断された場合は、その旨が代表認定支援機関に通知されます。

3）経営改善計画の策定（以下のような内容を原則として含むもの）
　・ビジネスモデル俯瞰図
　・会社概要表（株主、役員構成、役員等との資金貸借、沿革等）
　・資金繰り実績表
　・経営改善計画に関する具体的施策及び実施時期
　・実施計画（アクションプラン）及びモニタリング計画（原則3年程度）
　・資産保全表
　・貸借対照表、損益計算書、キャッシュフロー計算書等の計数計画（条件変更、新規融資等の金融支援を含む）
　・その他必要とする書類

4）金融機関への説明・同意

　経営改善計画について経営改善に必要な範囲の金融機関から同意を得ることが補助金の支払要件の一つとされています。

　複数の金融機関との合意形成では、直接持ち回りで同意を得る方法やバンクミーティングの方法などがあります。

5）経営改善支援センターへの書類提出

6）計画の実行とモニタリングの実施

　通常、半年から1年ごとに3年間行います（四半期ごとも可）。

　策定した経営改善計画が計画どおりに進捗し経営改善が図られているかどうか、あらかじめ計画に定められた期限ごとに定期的に、事業者が金融機関等に報告する事前準備等を行います。

バンクミーティングについて

(1) 金融支援についての同意

　405事業において、経営改善計画策定支援費用（モニタリング費用等を含む）を申請するためには、金融機関等による金融支援についての同意が必要になります。

　金融機関等との合意形成には、バンクミーティングを開催して金融機関調整を行うことが有効です。

(2) 金融機関調整

　原則として、金融機関調整は、事業者が認定支援機関の支援を受けて行うこととされており、バンクミーティングでの金融機関合意に向けた支援を実施するのは認定支援機関です。

　なお、金融機関調整は、あくまでも事業者が行う必要があり、認定支援機関は、支援にあたっては非弁行為とならないよう注意する必要があります。事業者による調整ができない場合には、必要に応じて弁護士を連名として申請するか、中小企業再生支援協議会へ相談することも有効です。金融調整はメインバンクと協力して実施することがポイントです。

(3) モニタリング

　モニタリング業務でのバンクミーティングも有効です。策定した経営改善計画が計画どおりに進捗し経営改善が図られているかどうかを、あらかじめ定められた期限ごとに定期的に金融機関等に説明を行います。認定支援機関は事業者が金融機関等に報告する事前準備等を支援します。経営改善計画と実績との乖離が生じている場合には、事業者に対し、乖離の原因についての分析と併せて、適切なアドバイスを行います。

4 認定支援機関が活用を支援できる その他の補助金

（1）認定支援機関が実施する補助金等の２つの支援手法

①単独で支援する場合

　認定支援機関の税理士は「最新の補助金等の情報を仕入れ、顧客にタイムリーな情報を提供し、お客さまの経営課題を解決するために、認定補助金等の申請サポートを実施する」ことが求められています。

　「持続化補助金」や「ものづくり補助金」は、当初は補正予算に組み込まれていたもので、3年程度で制度がなくなる可能性もありました。しかし、2018年度から当初予算に組み込まれ、恒常的な補助金制度に代わりました。

　基本的には、通常の税理士業務に加えて、補助金等の申請支援を行うことになるので、事務所の中で支援体制を構築することが望ましいと思われます。

②連携して支援する場合

　成長段階にある税理士事務所や資産税等に特化した税理士事務所の場合は、補助金申請まで、なかなか手が回らないこともあると思います。その場合には、最新の情報提供や補助金申請について、金融機関や商工会等と関係を構築し、認定支援機関同士で連携して支援することが望ましいと思われます。

（2）認定支援機関が活用を支援できるその他の補助金 (2021年6月現在)

①事業再構築補助金

　一定の要件を満たした中小企業等が、新分野展開、業態転換、事業・業種転換、事業再編などに取り組む場合に受けられる補助金です。認定支援機関等の支援を受けて事業計画を策定することが必要です。

■主な申請要件

> **1. 売上が減っている**
>
> 　申請前の直近6カ月間のうち、任意の3カ月（連続していなくてもよい）の合計売上高が、コロナ禍以前（2019年又は2020年1〜3月）の同3カ月の合計売上高と比較して10％以上減少していることが必要です。
>
> **2. 事業再構築に取り組む**
>
> 　事業再構築指針に沿った新分野展開、業態転換、事業・業種転換等を行うことが求められます。
>
> **3. 認定支援機関と事業計画を策定する**
>
> (1)事業再構築に係る事業計画を認定支援機関と策定することが必要です。
>
> 　補助金額が3,000万円を超える案件は金融機関（銀行、信金、ファンド等）も参加して策定します。
>
> (2)補助事業終了後3〜5年で付加価値額[※1]の年率平均3.0％[※2]以上増加、または従業員一人当たり付加価値額の年率平均3.0％[※2]以上増加の達成を見込む事業計画であることが求められます。
>
> ※1　付加価値額とは、営業利益、人件費、減価償却費の合計額をいいます。
> ※2　「グローバルV字回復枠」については5.0％です。

58

	補助金額	補助率
中小企業（通常枠）	100万円以上 6,000万円以下	2/3
中小企業（卒業枠）※1 【400社限定】	6,000万円超 1億円以下	2/3
中堅企業（通常枠）	100万円以上 8,000万円以下	1/2 （4,000万円超は1/3）
中堅企業 （グローバルV字回復枠）※2 【100社限定】	8,000万円超 1億円以下	1/2

※1　事業計画期間内に、①組織再編、②新規設備投資、③グローバル展開のいずれかにより、資本金又は従業員を増やし、中小企業から中堅企業や大企業へ成長する事業者向けの特別枠

※2　以下の要件を全て満たす中堅企業向けの特別枠
・直前6カ月間のうち3カ月の合計売上高がコロナ以前の同3カ月の合計売上高と比較して、15％以上減少している中堅企業であること
・補助事業終了後3〜5年で、付加価値額又は従業員一人当たり付加価値額の年率5.0％以上増加を達成すること
・グローバル展開を果たす事業であること

なお、「卒業枠（中小企業）」や「グローバルV字回復枠（中堅企業）」で不採択となったとしても、通常枠で再審査されます（それぞれの通常枠の補助金額が上限）。

②IT導入補助金

1）通常枠（A・B類型）

　IT導入補助金は、中小企業・小規模事業者等が自社の課題やニーズに合ったITツールを導入する経費の一部を補助することで、業務効率化・売上アップをサポートするものです。

　自社の置かれた環境から強み・弱みを認識、分析し、把握した経営課題や需要に合ったITツールを導入することで、業務効率化・売上アップといった経営力の向上・強化を図っていただくことを目的としています。

2）低感染リスク型ビジネス枠（特別枠：C・D類型）

　低感染リスク型ビジネス枠（特別枠：C・D類型）は、新型コロナウイルス感染症の流行が継続している中で、ポストコロナの状況

に対応したビジネスモデルへの転換に向けて、労働生産性の向上とともに感染リスクに繋がる業務上での対人接触の機会を低減するような業務形態の非対面化に取り組む中小企業・小規模事業者等に対して、通常枠（A・B類型）よりも補助率を引き上げて優先的に支援するものです。

事業類型	通常枠		低感染リスク型ビジネス枠 NEW	
	A類型	B類型	C類型 (低感染リスク型 ビジネス類型)	D類型 (テレワーク対応 類型)
補助 下限額・上限額	30万～ 150万円未満	150万～ 450万円	30万～ 450万円	30万～ 150万円
補助率	1/2		2/3	
補助対象 経費	ソフトウェア、クラウド利用費、 専門家経費等		左記のものに加えPC・タブレット等のレンタル費用が対象	

※1　いずれか1類型のみ申請可能です。
※2　C類型は申請金額によりC-1類型（30万～300万円未満）とC-2類型（300万円～450万円以下）に分かれます。

③ものづくり補助金（ものづくり・商業・サービス生産性向上促進事業）

　中小企業・小規模事業者等が取り組む革新的サービス開発・試作品開発・生産プロセスの改善を行うための設備投資等を支援する補助金です。一定の要件を満たす3～5年の事業計画の策定が必要であり、計画策定に際して認定支援機関の支援を任意で受けることとされています。

補助金額	100万円～1,000万円（一般型）
補助率	[通常枠] 1/2、小規模企業者・小規模事業者2/3 [低感染リスク型ビジネス枠] 2/3
設備投資	単価50万円（税抜き）以上の設備投資が必要
補助対象経費	[通常枠] 機械装置・システム構築費、技術導入費、専門家経費、運搬費、クラウドサービス利用費、原材料費、外注費、知的財産権等関連経費 [低感染リスク型ビジネス枠] 上記に加えて、広告宣伝費・販売促進費

5 認定支援機関が活用を支援できる金融支援

(1) 中小企業経営力強化資金融資事業

認定支援機関の経営支援を受ける事業者等を対象に日本政策金融公庫が融資を行います。

■**対象資金**：設備資金及び運転資金
■**貸付限度**：【国民生活事業】7,200万円（運転資金は4,800万円）
　　　　　　【中小企業事業】7億2,000万円（運転資金は2億5,000万円）
■**貸付利率**：基準利率
　　　　　　【国民生活事業】貸付金額のうち2,000万円までは、無担保・無保証人で利用可能。「中小企業の会計に関する基本要領」又は「中小企業の会計に関する指針」を適用している又は適用する予定である方、かつ所定の事業計画書を策定している方は該当する貸付利率から0.1％を控除した利率が適用されます。
　　　　　　【中小企業事業】「中小企業の会計に関する基本要領」又は「中小企業の会計に関する指針」を適用している又は適用する予定である方、かつ所定の事業計画書を策定している方は基準利率−0.4％。利率引下げが適用される限度額は2億7,000万円。
■**貸付期間**：設備資金：20年以内（うち据置期間2年以内）
　　　　　　運転資金：7年以内（うち据置期間2年以内）
■**貸付条件**：中小企業・小規模事業者は、事業計画を策定し、実行責務を負い、期中の進捗報告を行う。

認定支援機関は、事業計画の策定支援のみならず、期中における継続的な実行支援及びフォローアップを実施する。

（2）経営力強化保証制度

　中小企業・小規模事業者が認定支援機関の力を借りながら、経営改善に取り組む場合に、保証料の減免を受けられます。

■**保証限度額**：無担保8千万円、最大で2億8千万円（一般の保証とは同枠）

■**保 証 料 率**：一般保証における保証料率から概ね0.2％引下げ

■**保 証 割 合**：責任共有保証（80％保証）。ただし、100％保証の既保証を同額以内で借り換える場合は100％保証

■**保 証 期 間**：一括返済：1年以内

　　　　　　　分割返済：運転資金5年以内、設備資金7年以内。

　　　　　　　なお、本制度により保証付きの既往借入金を借り換える場合は10年以内。（据置期間はそれぞれ1年以内）

■国の補助事業等において必要とされる認定支援機関の役割 （2021年8月31日時点）

認定支援機関の関与　◎：必須　○：他の機関や条件でも可

補助事業等名 （　）内は 根拠法等	認定支援機関の関与	事業概要	認定支援機関の主な記載事項
事業再構築補助金	◎	新分野展開や業態転換、事業・業種転換、事業再編又はこれらの取組を通じた規模の拡大等の事業再構築に意欲のある中小企業等を支援する事業。 新型コロナウイルス感染症の影響で厳しい状況にある中小企業、中堅企業、個人事業主、企業組合等が対象。	【事業者が補助金事務局に提出する「確認書」】 ●事業再構築による成果目標の達成が見込まれると判断する理由 ●支援計画
月次支援金	○	令和3年4月以降に、緊急事態措置又はまん延防止等重点措置に伴う飲食店の休業・営業時間短縮又は不要不急の外出・移動の自粛により、月の売上が50%以上減少した中小法人・個人事業者等に対して月次支援金を給付。月毎に申請可能。	【登録確認機関としての事前確認】 事務局が登録した「登録確認機関」（※）によって、申請希望者が①事業を実施しているか、②給付対象等を正しく理解しているか等について、事前確認を実施。システムに確認した事項を入力する。（一時支援金を受給した又は月次支援金の事前確認を受けたことがある場合は事前確認不要） ※登録確認機関には、認定支援機関のほか、同機関に準ずる機関、その他特定の機関・有資格者等から募集を行い、事務局が登録。
新型コロナウイルス感染症対策挑戦支援資本強化特別貸付制度（新型コロナ対策資本性劣後ローン）	○	新型コロナウイルス感染症の影響により、キャッシュフローが不足するスタートアップ企業や一時的に財務状況が悪化し企業再建等に取り組む企業に対して、民間金融機関が資本とみなすことができる期限一括償還の資本性劣後ローンを供給。	【事業者が日本政策金融公庫又は商工組合中央金庫に提出する事業計画書の一部】 ●認定支援機関の所見等
中小企業経営強化税制C類型	◎	デジタル化を可能にする設備投資計画を達成するために必要不可欠な設備で、経営力向上計画の認定を受けたものについては、即時償却又は取得価額の10%の税額控除を選択適用できる制度。（資本金3,000万円以上は7%）	【事業者が都道府県に提出する申請書に添付する「事前確認書」】 ●デジタル化設備として適合しているかを認定支援機関が事前に確認し、事前確認書を発行。
個人事業者の遺留分に関する民法特例（経営承継円滑化法）	◎	推定相続人全員の合意を前提に、後継者に生前贈与された事業用資産の価額を算定するための財産の価額に算定しないこととする制度。	【事業者が都道府県に提出する「特定事業用資産の移転等に係る確認書」】 ●特定事業用資産の確認とその確認方法 ●特定事業用資産の明細について

第3章　認定支援機関が活用を支援できる施策等

63

補助事業等名（ ）内は根拠法等	認定支援機関の関与	事業概要	認定支援機関の主な記載事項
事業承継・集約・活性化支援資金融資事業	○	事業の譲渡、株式の譲渡、合併等により、経済的又は社会的に有用な事業や企業を承継・集約化する中小企業者を対象に日本政策金融公庫が融資。中小企業が認定支援機関の支援を受けて事業承継計画を策定し、当該計画を実施する場合に貸付利率を軽減。（現経営者が65歳以上である場合に限る。）（支援を受けずに事業承継計画書を策定した場合も融資制度の活用は可能。）	【融資を希望する事業者が日本政策金融公庫に提出する事業承継計画】●支援機関が実施した支援内容●本計画に関する支援機関の評価・所見等
個人版事業承継税制（経営承継円滑化法）	◎	個人事業者が先代（個人事業者）から事業用資産を相続又は贈与により取得した場合において、経営承継円滑化法に係る経済産業大臣の認定を受けたときは、相続税・贈与税の納税を猶予及び免除。	【事業者が都道府県に提出する承継計画に添付する「所見」】●認定支援機関による指導・助言の内容
先端設備等導入計画（生産性向上特別措置法）	◎	事業者が認定支援機関の確認を受けて市区町村に先端設備等導入計画の認定を申請し、認定を受けた場合には、当該計画に基づいて投資した設備について、固定資産税を3年間軽減（軽減率はゼロから2分の1の範囲内で市区町村が決定）。	【事業者が市区町村に提出する認定申請書に添付する「確認書」】●生産・販売活動等に直接つながる先端設備等を導入することにより、目標を達成しうるような労働生産性の向上が見込めるか。
法人版事業承継税制（経営承継円滑化法）	◎	非上場の株式等を先代経営者から後継者が相続又は贈与により取得した場合において、経営承継円滑化法に係る経済産業大臣の認定を受けたときは、相続税・贈与税の納税を猶予及び免除。	【事業者が都道府県に提出する特例承継計画に添付する「所見」】●認定支援機関による指導・助言の内容【認定を受けた事業者の雇用が8割を下回った場合に都道府県に提出する報告書に添付する「所見」】●認定支援機関による初見●指導及び助言の内容
事業承継補助金	◎	事業承継・世代交代を契機として、経営革新や事業転換に取り組む中小企業に対し、認定支援機関の助力を得て行う設備投資・販路拡大・既存事業の廃業等に必要な経費を支援。	【事業者が補助金事務局に提出する事業計画書に添付する「確認書」】●申請者が地域に貢献する中小企業者であること●申請者の行う取組に独創性等が認められること

認定支援機関の関与　◎：必須　○：他の機関や条件でも可

補助事業等名 （　）内は 根拠法等	認定支援 機関の 関与	事業概要	認定支援機関の 主な記載事項
企業再建資金 （企業再生貸 付制度）	○	経営改善、経営再建等に取り組む 必要がある中小企業を対象に日本 政策金融公庫が融資。	【事業者が日本政策金融公庫に提出する以下の書類（書類の一部）】 ● 認定支援機関による経営改善計画策定支援事業を利用して経営改善に取り組んでいる場合は、認定支援機関向けに発行される「支払決定通知書」の写し ● 過剰債務に陥っている者が経営改善計画の策定を行い、認定支援機関による指導及び助言を受けている場合は、「経営改善計画書」の記載項目の一部（実施した指導及び助言の内容、本計画の評価）
経営改善計画 策定支援事業	◎	借入金の返済負担等の財務上の問題を抱え、金融支援を含む本格的な経営改善を必要とする中小企業に対して、認定支援機関の助力を得て行う経営改善計画の策定を支援（経営改善計画策定支援事業）。また、本格的な経営改善が必要となる前の早期の段階からの資金繰り管理等の簡易な経営改善計画の策定も支援（早期経営改善計画策定支援事業）。	【事業者が認定支援機関と連名で経営改善支援センターに提出する以下の申請書及び添付資料】 ▶利用申請（再度利用含む） ● 経営改善支援センター事業（再度）利用申請書 ● 申請者の概要 ● 自己記入チェックリスト（経営改善計画策定支援事業のみ） ● 業務別見積明細書 ▶支払申請 ● 経営改善支援センター事業費用支払申請書 ● 経営改善計画 ● 自己記入チェックリスト（経営改善計画策定支援事業のみ） ● 業務別請求明細書 ● 従事時間管理表 ▶モニタリング費用支払申請 ● モニタリング費用支払申請書 ● モニタリング報告書 ● 自己記入チェックリスト（経営改善計画策定支援事業のみ） ● 業務別請求明細書 ● 従事時間管理表 など

認定支援機関の関与　◎：必須　○：他の機関や条件でも可

補助事業等名 （　）内は 根拠法等	認定支援 機関の 関与	事業概要	認定支援機関の 主な記載事項
中小企業経営力強化資金融資事業	◎	創業又は経営多角化・事業転換等による新たな事業活動への挑戦を行う中小企業であって、認定支援機関の支援を受ける事業者等を対象に日本政策金融公庫が融資。	【事業者が日本政策金融公庫に提出する事業計画書における記載項目の一部】 ● 実施した経営革新等支援業務の内容 ● 新商品の開発または新役務の内容の所見 ● 本計画の評価
経営力強化保証制度	◎	中小企業が認定支援機関の助力を得て経営改善に取り組む場合に信用保証料を軽減。	【事業者が金融機関に提出する所定の申請資料に添付する以下の書類の一部】 ● 「「経営力強化保証」申込人資格要件等届出書」の経営支援の内容 ● 「事業計画書」における記載項目の一部 ● 認定経営革新等支援機関の所見 ● 認定経営革新等支援機関による支援内容を記載した書面（事業計画書に記載されている場合は不要） 【金融機関が信用保証協会に提出する事業計画実行状況等報告書の一部】 ● 四半期ごとの事業者の報告内容に対する認定支援機関の対応等 ● 翌事業年度における認定支援機関の経営支援の内容等
ものづくり・商業・サービス生産性向上促進補助金	○	中小企業・小規模事業者が生産性向上に資する革新的サービス開発・試作品開発・生産プロセスの改善を行うための設備投資等を支援。	認定支援機関が記載する事項はなし （認定支援機関等に支援を受けている場合は、事業者が支援者の名称と報酬、契約期間を事業計画書に記載する。※支援を受けているにもかかわらず記載がない場合は不採択等となる。）

支援措置はここで紹介したもののほかにもあります。以下のウェブサイト等でこまめに確認することが重要です。

中小企業庁
https://www.chusho.meti.go.jp/

中小機構
https://www.smrj.go.jp/

ミラサポPlus
https:/mirasapo-plus.go.jp/

J-Net21
https://j-net21.smrj.go.jp/

記帳代行型と月次巡回監査型ビジネスモデル

　会計事務所の業態も多様化しており単純に区分するのは困難ですが、一般的には「記帳代行型」と「巡回監査型」があるといわれています。前者は、証憑書類を預かって事務所で入力し試算表を届けるモデル。後者は、記帳は関与先が行い、会計事務所は毎月関与先を訪問して証憑書類の確認や経営者との対話を行うモデルです。

　さて、本書で紹介している認定支援機関に関する施策では、例えば設備投資に関する優遇措置については事前に計画を出す必要があったり、資金繰り支援に関しても現状だけでなく将来予測も必要であったりします。これらは月次でのタイムリーな業績把握や経営者との対話がなければ到底対応できません。

　記帳代行型のモデルでは、一般的には経営者に会う機会が少なく、また業績も月次で把握できないケースが多いようです。このような状態では、会計事務所は事業展開や資金需要を事前に捉えることができず、認定支援機関としての優遇措置の活用は難しいと思われます。

　一方、巡回監査型のモデルであれば、関与先への毎月訪問により会社の変化を生で見ることができます。経営者との対話によりこれから会社がどうなっていくのかについてもヒアリングが可能です。会社の方向性を事前に把握できることで、優遇措置の活用はもとより、資金調達のあっせん、節税対策、余裕資金の運用などさまざまな提案により、ビジネスチャンスを広げることができます。認定支援機関としての事務所体制づくりとは、月次巡回監査体制の構築そのものではないかと考えます。

第 4 章

経営計画策定支援は
どう行うのか

1 認定支援機関が行う 経営計画策定支援

(1) 認定支援機関にとっての経営計画策定支援業務の位置付け

　認定支援機関が中小企業の経営力向上を支援するにあたり、経営計画の策定を支援することは非常に重要となります。第3章で紹介したとおり、次のような企業のさまざまなニーズに応じた経営計画の策定支援が求められています。

　①**金融支援に関連した計画策定支援**
　　・早期経営改善計画策定支援（ポストコロナ持続的発展計画事業）
　　・経営改善計画策定支援（405事業）
　②**特定の税制適用に関連した計画策定支援**
　　・特例事業承継税制（法人・個人）適用のための特例承継計画策定支援
　　・中小企業等経営強化法による支援税制適用のための経営力向上計画策定支援

　また、上記のような特定の目的をもって行う計画策定以外にも、次ページの図に示すような企業のライフステージに応じて経営計画の策定が必要となる場合があります。

　例えば創業期の創業計画や、新規事業への進出の際の投資計画などがそれにあたります。特に、長期にわたり中小企業のさまざまなライフステージに寄り添った支援を行うこととなる会計事務所にとっては、経営計画策定支援を事務所の標準業務と考え、その目的に応じて認定支援機関制度を積極的に活用していくという姿勢が必要となります。

■企業のライフステージ（一例）

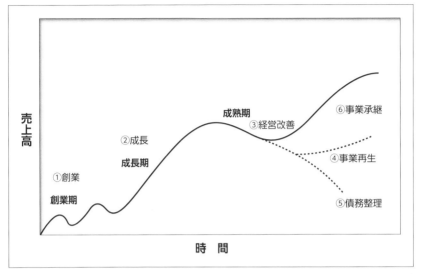

(出典：TKC全国会創業・経営革新支援委員会編著『実践！経営助言』102頁)

（2）経営計画策定の流れ

　認定支援機関制度の中で行う経営計画策定支援では各制度で利用するための要件や提出書類などはさまざまです（資料編参照）。

　また、特例事業承継税制の適用のための「特例承継計画」策定支援では、事業承継時における税負担の軽減を目的とした制度であるため、詳細な経営計画（数値計画）の提出は求められていません。しかし、中小企業の事業承継における課題は、税負担以外にも後継者不在、業績不振、株式の分配などさまざまです。中小企業の存続・発展を支援するという観点からは事業承継時における経営改善の重要性は高いといえます。この事業承継時における経営改善の重要性については、中小企業庁発行の「事業承継マニュアル」や事業承継に関するパンフレット「会社を未来につなげる-10年先の会社を考えよう-」でも、経営の「見える化」と会社の「磨き上げ」という流れで説明されています。

■事業承継に向けた経営改善の流れ

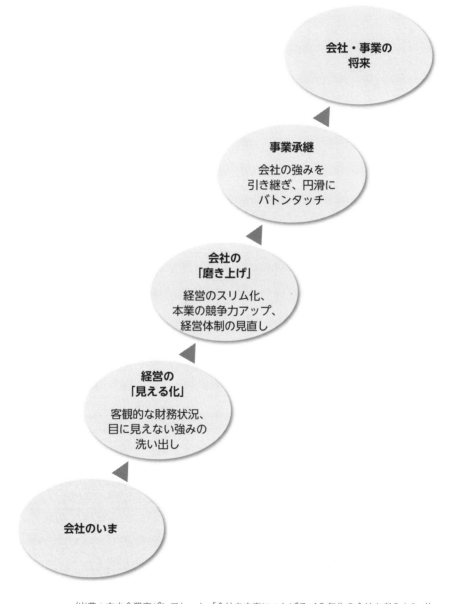

(出典：中小企業庁パンフレット「会社を未来につなげる-10年先の会社を考えよう-」)

企業の経営改善のための業績管理の方法として「PDCAサイクルを回す」ということが挙げられます。経営の「見える化」と会社の「磨き上げ」にモニタリングを加えたものが、このPDCAサイクルにあたります。

　そこで、認定支援機関が行う経営計画策定支援の具体的な流れとして、

●「見える化」による現状認識と課題抽出
　　　　　　⬇
●「磨き上げ」による経営の改善
　　　　　　⬇
●計画策定後のモニタリング

の順で解説します。

(3)「見える化」による現状認識と課題抽出

　企業が自社の経営改善を実施するためには、まず自社の現状を認識することが不可欠となります。具体的には財務情報を利用した数値面での認識と、非財務情報を利用した数値面以外での認識を行います。

　数値面での現状認識は、自社の決算数値を複数年度において比較する**期間比較**により行います。過去数年度にわたる自社の業績の推移や、自社が企業のライフステージにおいてどのステージに位置しているのかを確認することができます。また、**同業他社比較**を行うことで市場における自社のポジションや数値面から見た自社の強み・弱みを確認することができます。

　一方で、数値面以外での現状認識は、自社の事業の流れや組織体制、取引先との関係などを見直し、また、収益獲得の源泉が何か、そのための自社の強みや弱みは何か、などを確認することで、現在の業績に至った原因を認識します。

財務・非財務両面からの現状認識ができたら、将来目標の設定、将来に向けた経営上の課題の抽出を行います。このように、「見える化」は経営改善において対処すべき経営上の課題を明確にする効果があります。

(4)「磨き上げ」による経営の改善

　「見える化」により具体的な経営上の課題の抽出ができたら、次はその具体的な課題に対する対応策の検討を行います。

　例えば、売上の減少という課題がある場合には、新たな販売チャネルの開発、広告宣伝の実施、新商品の開発などさまざまな対応策が検討されますが、自社の現状を踏まえ実行可能な対応策を選択する必要があります。

　また、実行可能であっても将来見込まれる効果が経営改善のために十分な水準を満たさなければ、実行する意味がありません。そこで重要なのが、各対応策を実施した場合に将来の業績に与える影響額の予測を行い、経営改善のために有効な対応策を選択することです。具体的な対応策の検討とその効果の検証を繰り返し、最適な対応策を見つけだすことが経営改善成功へのポイントとなります。

(5) 計画策定後のモニタリング

　認定支援機関の経営計画策定支援業務を実施する中で、計画策定支援に並び重要なのがモニタリング業務です。経営計画策定時において検討された経営改善のための対応策が計画通りに実行されているか、また予測された効果が得られているかについては、計画実施期間中において適時に検証をする必要があります。認定支援機関による経営改善計画策定支援事業では、制度上求められる金融機関等へのモニタリング報告の頻度や回数が定められていますが、実務的にはより細やか

なモニタリングが必要となります。

　例えば「早期経営改善計画策定支援事業」においては、金融機関へのモニタリング報告は計画策定から1年以上経過した後に1回行うこととされていますが、対応策の進捗管理や計画数値と実際の業績との予実分析などは、月次で実施することが望まれます。

　また、企業の経営改善を効果的に進めるという観点からは、月次決算数値等のタイムリーな経営情報を金融機関等と共有するということが重要です。

(参考) ローカルベンチマークの活用

　「見える化」と「磨き上げ」を支援するための有効なツールとしては「ローカルベンチマーク」が挙げられます。経済産業省のホームページでは、ローカルベンチマークとは、企業の経営状況の把握、いわゆる「健康診断」を行うツールと紹介されています。具体的には財務情報・非財務情報の両面から企業の現状を把握し、将来目標の設定、課題の抽出、対応策の検討まで行うことができるツールとなっています。

　また、ローカルベンチマークは金融機関との対話のためのツールとして利用することが想定されたものであり、金融機関とのコミュニケーションの強化、資金調達力の向上支援にも役立ちます。

　しかし、ローカルベンチマークでは将来の数値予測までは行うことができないので、経営計画策定時においてはあくまで現状把握のためのツールであり、将来の数値予測は別途検討する必要があります。

2 会計事務所が認定支援機関として 実施する経営計画策定支援

　計画策定支援を行う場合、会計事務所が会社の事業内容・経営状況さらには現状の課題や問題点などを最も理解している立場であるといえます。また、会計事務所以外の認定支援機関が支援を行う場合と比べ会社とのコミュニケーションが取りやすいケースが多いといえます。そのため、より実効性の高い支援をすることが可能になると期待できます。

　しかし、会計事務所が認定支援機関として顧問先へ経営計画策定支援を実施する場合、会計事務所としての日常業務に加え、計画策定支援と計画実施期間におけるモニタリング業務を行うことになるため、この際には、補助金申請の関係から、日常業務と認定支援機関制度上の業務（補助対象の業務）を明確に区分しておく必要があります。

　また、74・75ページで解説した通り、モニタリング業務については制度上のモニタリング報告の提出のみでは、経営改善のための支援として十分ではない場合もあります。この場合、中小企業の一番身近な相談相手である会計事務所として、月次での予実管理や金融機関へのタイムリーな情報提供など、よりきめ細かな支援の実施が期待されます。

3 会計事務所が認定支援機関として実施した支援事例

事例① 収益性が低く廃業を検討していた建設会社社長に、工事現場ごとの利益管理の重要性を再認識してもらい業績回復を達成（早期経営改善計画策定支援）

■企業の概要

株式会社H　第35期　従業員数12名

業種：土木工事業

企業のライフステージ：低迷期

■売上・経常利益の推移

（単位：千円）

	第33期	第34期	第35期
売上	87,801	85,856	69,726
経常利益	△21,836	2,165	△10,107

■早期経営改善計画策定支援事業を利用することとなった経緯

　当初、廃業に向けた話をする中で、業界全体は決して不況ではなく、今後の経営次第では業績を回復し再び健全な経営状況を取り戻せるのではないかと経営者の考えが変わったことにより、現状の課題と今後の経営体制の見直しのため中期経営計画の策定が必要であるという認識に至った。さらに会社の立て直しのためには資金調達の必要が出てくる可能性を考慮し、メインバンクの理解を得るために早期経営改善計画策定支援事業の利用することとなった。

■企業概況（見える化）

　　長年にわたり大手ゼネコンの特別下請として業務を行ってきたが、近隣営業所の撤退があり大幅な受注減少となってしまった。これまで当該大手ゼネコンに頼った経営をしていた経緯もあり、受注ごとの単価交渉などをあまり行ってこなかったため、他の取引先からの受注についても利益管理が甘く収益性が低い。

　　豊富な経験と技術を持つ職人も多く、業務をこなすだけの人員はそろっているが、高齢化が進んでいるため、売上を伸ばし事業を継続してくためには若い職人を採用して技術の承継を行う必要がある。

■課題と対応策（見える化・磨き上げ）

　ローカルベンチマークを活用し次のような課題を抽出し、そのための対応策の検討を行った。

≪アクションプラン≫

商　号：株式会社 H

	主な経営課題
1	売上総利益率の改善
2	固定費削減
3	職人又は外注業者の増員

	主要課題に対する アクションプランの具体的な内容	実施時期	主担当	計画1期目	計画2期目以降
1 ①	X㈱への単価改善要求 その他、見積段階での見込利益率「15〜20%」を「30%以上」に改善	2021年4月	代表取締役		売上総利益増加 4,657千円　2期 10,030千円　3期〜
1 ②	工事現場別の採算管理（現場別の売上総利益の算出）	2021年4月	専務取締役		
2	役員報酬の減額	2021年6月	代表取締役		200千円/月 30千円/月 （法定福利費分）
3	職人を募集するための広告掲載をし、作業人員を増員して売上高の増加を図る。		専務取締役		売上高増加 3,085千円　2期 6,339千円　3期〜

■損益計画

行	項目	直近期 (2021年3月期)		計画1年目 (2022年3月期)		計画2年目 (2023年3月期)		計画3年目 (2024年3月期)	
1	売上高	85,856	100.0	75,333	100.0	72,942	100.0	81,599	100.0
2	売上原価	58,707	–	61,615	–	52,991	–	54,945	–
3	(原価率)	68.4%	–	81.8%	–	72.6%	–	67.3%	–
4	減価償却費	125	0.1	26	0.0	26	0.0	0	0.0
5	その他	58,582	68.2	61,589	81.8	52,965	72.6	54,945	67.3
6	売上総利益	27,149	–	13,718	–	19,951	–	26,654	–
7	(粗利益)	31.6%	–	18.2%	–	27.4%	–	32.7%	–
8	販売費・一般管理費	25,440	29.6	25,454	33.8	22,954	31.5	22,493	27.6
9	人件費	17,361	20.2	17,041	22.6	14,741	20.2	14,281	17.5
10	減価償却費	752	0.9	461	0.6	261	0.4	260	0.3
11	その他経費	7,326	8.5	7,952	10.6	7,952	10.9	7,952	9.7
12	営業利益	1,708	2.0	▲11,736	▲15.6	▲3,003	▲4.1	4,161	5.1
13	営業外収益	456	0.5	1,638	2.2	456	0.6	456	0.6
14	営業外費用	0	0.0	0	0.0	0	0.0	0	0.0
15	支払利息	0	0.0	0	0.0	0	0.0	0	0.0
16	その他	0	0.0	0	0.0	0	0.0	0	0.0
17	経常利益	2,165	2.5	▲10,098	▲13.4	▲2,547	▲3.5	4,617	5.7
18	特別利益	0	0.0	0	0.0	0	0.0	0	0.0
19	特別損失	304	0.4	2,480	3.3	0	0.0	0	0.0
20	税引前当期純利益	1,860	2.2	▲12,578	▲16.7	▲2,547	▲3.5	4,617	5.7
21	法人税等	181	0.2	0	0.0	0	0.0	0	0.0
22	当期純利益	1,679	2.0	▲12,578	▲16.7	▲2,547	▲3.5	4,617	5.7
23	借入金残高	2,744		9,244		9,244		9,244	
24	簡易CF（当期純利益＋減価償却費）	2,556		▲12,091		▲2,260		4,877	

■計画策定後からこれまでの経緯（磨き上げ・モニタリング）

	第33期	第34期	第35期	第36期
売上	87,801	85,856	69,726	78,026
経常利益	△21,836	2,165	△10,107	4,545

　アクションプランに基づき売上総利益率の向上のための対応策を実施した。特に工事別利益管理を徹底し、取引先ごとに綿密な単価交渉を実施した結果売上総利益率が前期18.8％から35.8％まで大幅に改善できた。その結果、営業利益ベースでも黒字化を実現することができ、経営者自身がきめ細かな利益管理の重要性を実感する結果となった。今後は黒字体質の経営を継続できるように、若手の職人の採用を行っていく予定である。

認定支援機関である顧問税理士が社長へ経営者保証ガイドラインの説明をし、ガイドラインの適用要件を満たすよう体制を整備。社長の同意を得て金融機関への説明を行い、経営者保証の解除を実現

■企業の概要

株式会社Ｔ　従業員数35名
業種：旅客運送業、観光業
企業のライフステージ：安定期

■売上の推移

（単位：千円）

	第28期	第29期	30期
売上	469,156	502,757	505,270

■経営者保証に関するガイドラインを活用することとなった経緯

　業績は高収益で安定しており、内部留保も厚く、複数の金融機関が利率競争をして融資をしている会社である。代表取締役社長は数年前に後継者（創業者の長男）に交代していたが、個人保証については直ちに変更をせず、借入の切り替えの際に徐々に新社長へと変更をしていた。ただ、新社長にはまだ個人資産も少なく、万が一の際の保証額が大き過ぎることを本人が懸念していた。

　経営者保証に関するガイドラインを適用すれば経営者保証を解除できる可能性があると考えた認定支援機関である顧問税理士からの助言により、要件へ適合する社内体制を整え、メインバンクへ打診することとなった。

■企業概況

　バス事業と旅行業を展開する同社は、大手旅行会社や地場の旅行会社への営業を強化するとともに、ハイグレードな大型バスを次々に導入し事業の拡大を図ってきた。繁忙期と閑散期の差が激しい業界のため、閑散期には資金繰りに窮することも少なくなかったが、その課題を解決するために自社による募集型企画旅行を開始し、年間を通じたバスの稼働率向上を図ることにより、ここ数年は業績も安定し、資金面でも余裕が出るようになってきた。

　業績の向上と相まって自社株式の評価額が上昇し、今度は財産の承継が課題となってきた。特例事業承継税制が創設されたことを機に、特例承継計画を作成し、財産の承継も計画的に進めている。

■支援内容

　会社の取り組み状況を定期的に金融機関へ開示する仕組みづくりのきっかけとして早期経営改善計画策定支援事業を活用し、中期経営計画を策定することから始めた。その際にローカルベンチマークを活用し、会社の現状と課題を整理し、アクションプランには予実管理と、担当者ごとの粗利益管理を盛り込むこととした。

　こうして管理の仕組みが構築されたことから、TKCモニタリング情報サービスを活用し、決算書と四半期ごとの試算表、予実管理表を開示することを条件に、メインバンクに経営者保証の解除の打診を行った。財務内容はキャッシュフローも内部留保も良好な状況。公私の分離については、税理士法第33条の2による書面添付により、顧問税理士が適正に区分が行われている旨の所見を表明し、また特例承継計画を策定したことで税負担のリスクが低下したこともプラス材料となり、スムーズに解除実行となった。

事業承継を果たした機械製品卸売会社社長に、事業承継後の磨き上げの重要性を説き、早期経営改善計画策定支援に取り組む

■企業の概要

株式会社K　第28期　従業員数2名

業種：機械製品卸売業

企業のライフステージ：安定期

■売上・経常利益の推移

(単位：千円)

	第26期	第27期	第28期
売上	159,140	156,232	185,167
経常利益	4,186	3,497	3,343

■早期経営改善計画策定支援事業を利用することとなった経緯

　当初先代社長から事業承継について相談を受けたことがきっかけで関与を開始し、事業承継計画の策定を進めてきた。その2年後に代表者交代し、株式についても経営承継円滑化法を活用して日本政策金融公庫の金融支援を受けることに成功し、株式の移転も完了した。

　そのような状況の下で事業承継後の事業磨き上げについては明確でなかったことから磨き上げの重要性を説き、早期経営改善計画策定支援事業を活用して経営改善計画の策定に取り組むこととなった。

■企業概況（見える化）

　　工業団地が点在するＴ市において、機械部品・理化学機器・搬送運搬機材など、多種多様な工業用機械・加工部品の卸売を行っており、同市内だけでなく近隣市区の大企業の子会社から町工場まで数多くの取引先を有する。

　　一方で営業社員は社長を含めて2名と人員体制が十分でなく、また主要取引先が大企業であることから回収サイトが長く資金繰りが不安定といった状況が起きている。

■課題と対応策（見える化・磨き上げ）

　ローカルベンチマークを活用し、定量情報及び定性情報から次のような課題を抽出し、早期経営改善計画の骨子を取りまとめた。

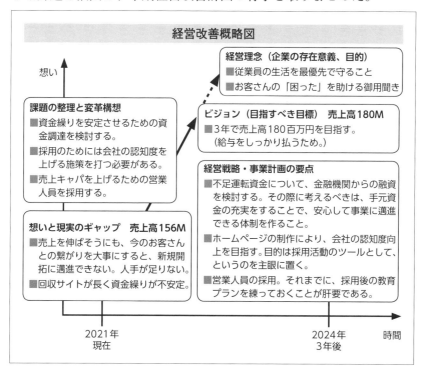

この骨子をもとに、アクションプランの具体的な内容に落とし込み、早期経営改善計画を策定した。

≪アクションプラン≫

商　号：株式会社 K

	主な経営課題
1	営業運転資本回転率が1.5倍と比較的高く、またそれをカバーするだけの資金を有しておらず資金繰りが安定しないため、手元資金を厚くして資金繰りを安定させる必要がある。
2	営業としてだけでなく、採用活動を効率的に進めるために、会社の認知度を向上するための施策を講じる必要がある。
3	当社の販売能力向上のため、営業人員を増員する必要がある。

	主要課題に対する アクションプランの具体的な内容	実施時期	主担当	計画1期目	計画2期目以降
1	不足運転資金に対して金融機関借入による資金調達を実施することで資金繰りの安定化を進める。	2021年度中	社長 メインバンク	借入　　　10,000千円 支払利息　　156千円	支払利息　156千円
2	認知度向上のためのホームページを開設する。その際に留意することとして、取扱商品の羅列とかではなく会社の姿勢などを記載するなど、採用ツールとしての活用を目的とする。	2021年〜2022年	社長 ウェブ関連業者	ソフトウェア　300千円 償却費　　　　60千円	償却費　60千円
3	ホームページを活用するなどして採用活動を行い、営業人員の採用を行う。採用の時期は長期借入の返済が一段落する3年後を目安とする。	2024年	社長	―	計画3期目以降 給与　　　3,000千円 福利費等　　450千円

■損益計画

(単位：千円)

行	項目	直近期 (2021年3月期)		計画1年目 (2022年3月期)		計画2年目 (2023年3月期)		計画3年目 (2024年3月期)	
1	売上高	156,292	100.0	168,000	100.0	173,000	100.0	180,000	100.0
2	売上原価	135,858	―	146,160	―	150,510	―	156,600	―
3	(原価率)	87.0%	―	87.0%	―	87.0%	―	87.0%	―
4	減価償却費	0	0.0	0	0.0	0	0.0	0	0.0
5	その他	135,858	87.0	146,160	87.0	150,510	87.0	156,600	87.0
6	売上総利益	20,374	―	21,840	―	22,490	―	23,400	―
7	(粗利益)	13.0%	―	13.0%	―	13.0%	―	13.0%	―
8	販売費・一般管理費	16,353	10.5	17,655	10.5	17,770	10.3	21,363	11.9
9	人件費	9,976	6.4	10,764	6.4	10,850	20.2	14,461	8.0
10	減価償却費	50	0.0	92	0.1	121	0.4	103	0.1
11	その他経費	6,326	4.0	6,799	4.0	6,799	10.9	6,799	3.8
12	営業利益	4,021	2.6	4,185	2.5	4,720	2.7	2,037	1.1
13	営業外収益	10	0.0	28	0.0	28	0.0	28	0.0
14	営業外費用	534	0.3	305	0.2	308	0.2	259	0.1
15	支払利息	268	0.2	305	0.2	308	0.2	259	0.1
16	その他	265	0.2	0	0.0	0	0.0	0	0.0
17	経常利益	3,497	2.2	3,908	2.3	4,440	2.6	1,806	1.0
18	特別利益	0	0.0	0	0.0	0	0.0	0	0.0
19	特別損失	0	0.0	0	0.0	0	0.0	0	0.0
20	税引前当期純利益	3,497	2.2	3,908	2.3	4,440	2.6	1,806	1.0
21	法人税等	72	0.0	72	0.0	72	0.0	650	0.4
22	当期純利益	3,425	2.2	3,836	16.7	4,368	2.5	1,156	0.6
23	借入金残高	16,300		22,592		18,884		16,852	
24	簡易CF（当期純利益＋減価償却費）	3,475		3,928		4,489		1,259	

■計画策定後からこれまでの経緯（磨き上げ・モニタリング）

　経営改善計画策定後、経営者と共に、金融機関に計画内容を説明し、経営者自ら短期継続融資について交渉を行い、好条件で短期資金の融資を受けることに成功した。

　この経営改善計画策定及び金融機関との折衝を通じ、経営者自身が資金調達に成功したこと。また、借入により手元資金を充実させ、安心して資金繰りを行えたことが大きな成功体験となり、「借入は悪」という呪縛から解放されたことを実感したところである。

　今後は引き続きアクションプランの実行、すなわちホームページ制作による会社認知度の向上を進め、営業担当の新規採用を行っていく予定である。

4 金融機関が求める経営改善計画とは

　経営改善計画策定支援事業（405事業）に取り組むに当たっては、金融機関調整が必要になります。経営改善計画も金融機関に評価される内容にしなければなりません。以下、そのための注意点等を解説します。

(1) 売上計画は保守的に実現できる内容で

　税理士が作成した経営改善計画の中には、将来の売上増によって業況を改善し、借入金の返済を行うという内容のものが散見されるようです。税理士は数字のプロですから、金融機関への必要返済額を簡易キャッシュ・フロー（経常利益＋減価償却費）額から逆算して、つじつまの合う経営改善計画書を作成することは容易です。大事な関与先の経営者から「先生、金融機関にウケがいいように、ひとつよろしくお願いしますよ」と言われたら、やらざるを得ないというのが本当のところかもしれません。

　しかし、税理士が作る経営改善計画書にこういった根拠の薄い内容があることは、金融機関にとって既知の事実だということをよく理解しておきましょう。本来、経営改善計画は社長自ら策定するものであり、そこに社長の想い、経営に対する情熱が入っていなければ、絵に描いた餅であり、全く意味がありません。根拠のない売上増加による経営改善計画を金融機関に提出すると、金融機関に「この税理士は分かっていないな」との烙印を押されてしまうことはもちろん、経営サポート会議等の席上において、「社長、この売上増加の根拠は何ですか。裏付けとなる資料を出してください」と言われ、社長（と税理士）は

答えられず下を向き、赤っ恥をかいておしまい、ということになってしまいます。これでは、金融機関から経営改善計画の同意を得られるはずがありません。

とはいえ、「そんなこと言っても、売上を伸ばさない限り返済もできない」という経営改善計画策定先があるのも現実です。そのような場合、関与先経営者が現時点で具体的な売上増加策を何も考え付かなければ、売上高は現状維持のまま、経営改善計画書（案）を、金融機関に経営サポート会議の場で示してみましょう。

当然、金融機関から「これではとても同意できない。社長、何を考えているんですか?」と厳しい意見が飛ぶでしょう。でも、それでいいのです。「会議の場で金融機関から本気で迫られた」社長は、必死に経営改善策を考え始める「きっかけ」をつかむことになるでしょう。

税理士というのは税務の仕事を中心にしているため、常に「完璧」を求められ、お客さまからの評価は常に「減点主義」という環境で仕事をしている、という特徴があります。

しかし、経営改善計画の策定は「完璧」である必要はまったくありません。むしろ、「金融機関や信用保証協会と共に、不完全な計画を一緒に直していく」べきであって、あくまで主人公は経営者、税理士はサポーターです。経営者に具体的なプランがないならば、そのまま金融機関にぶつけ、金融機関から大いに非難を浴びたらいいのです。そこで経営者は「気づき」を得ます。ただし、それが「やる気」につながるかどうかについては、会計事務所が重要な役割を果たします。金融機関から出た課題や疑問点等の宿題について、真摯に関与先経営者と共に悩んで、サポートしていくことが必要です。

さまざまな過程を経て、関与先経営者「自ら」の意志として「売上高増加を経営改善計画に盛り込みたい」との結論が出たのであれば、売上高は現状維持を前提とし、売上増に向けた取り組みについては、その根拠を経営者自らが金融機関に説明できるよう資料等も準備した上で、あくまで「プラスアルファ」の分として計画に盛り込んでおき

ましょう。これは、後々のモニタリングの段階において、売上高が計画を上回る分には全く問題になりませんが、計画を下回ってしまうとその点を金融機関から厳しく追及されることになるからです。

（2）固定費を削減する

　固定費をどのように削減する計画になっているかは、金融機関も注目しているポイントです。というよりも、金融機関は融資先の内情について税理士ほどは理解していませんから、売上向上策のような突っ込んだアドバイスは通常できません。金融機関の立場では経費削減に関するコメントぐらいしか出せないのが本音のところ（最初からそうだとは言ってくれませんが）だと考えた方がよいでしょう。

　経費削減は、削減の余地のある中規模程度の企業にとっては確かに有効です。特に、巡回監査を通じて「この会社はムダ遣いが多いけれど、いくら社長に言っても分かってくれないんだよな」と感じている先などには、極めて有効です。冗費の見直し、役員報酬の削減等、スピード感を持って、ドンドン経費削減に取り組んでいただきましょう。

　しかし、年商1億円以下の比較的小規模な企業においては、経費削減が限界まで来ている先も相当数あるでしょう。経費削減が限界であることは、巡回監査を通じて現場を見ている税理士の方が、金融機関よりも実情を知っていますから、このような企業については、金融機関に対しても自信を持って現状を説明し、理解を得るようにしましょう。

　このような企業では、役員報酬も生活費ギリギリの水準しか支給されていない場合や、ある程度の額を支給していても、大部分は役員借入金として会社に還流している場合があります。こういった場合に、金融機関の経費削減要請を額面通り受け取って役員報酬を削減すると、社長の生活が成り立たなくなったり、経営意欲を削いでしまったりすることもあります。もはや経費削減による業績改善が望めないのであれば、売上向上策や利益率の改善などの対策を経営者と一緒に

なって必死に考え、実行に移してもらい、経営者が身をもって経営改善に臨む覚悟を示す必要があるでしょう。

(3) 返済が「いつから」「いくら」できるのかを具体的に期日と金額で示す

　金融機関は、なぜ経営改善計画の提出を求めるのでしょうか？「自己査定のため」「内部稟議に必要なため」など、現場では担当者からいろいろと話が出ることもありますが、要は、「金融機関は資金を融資して利息を得て、回収することが本業」だということです。

　つまり、金融機関の側からすれば、「いつから」「いくらで」返済するのかを、社長の口約束ではなく、客観的な視点で、きちんと「書面で」示してほしい、ということです。つまり、経営改善計画書の結論は、「金融機関別借入金返済計画」で将来の返済の見通しをきちんと提示することにあります。将来の損益計算書、貸借対照表、キャッシュ・フロー計算書といった会計に関する帳票も重要であり、金融機関からもその内容について意見は寄せられます。しかし、とにもかくにも、結論は「金融機関別借入金返済計画」に集約されます。税務中心の思考パターンからすると、財務諸表ではなく、返済予定表が結論、というのは違和感を覚えるところかもしれませんが、金融機関としては、やっぱりそこが一番気になるところなのです。

　なお、返済計画については最初から完璧なものを用意する必要は全くありません。例えば、「今までの月100万円の返済を50万円に軽減してもらえれば、資金は回ります」というような案を社長から金融機関に提示するだけでも、最初は構わないのです。あとは、これを元に金融機関で協議してもらい、最終的な経営改善計画に、同意してもらえる金融支援の内容を盛り込めばよいのです。経営改善計画を難しく考える必要はありません。「社長を主人公に、金融機関と一緒に作り上げる」というスタンスで臨めば、自ずと答えは出てきます。

（4）経営改善計画の主人公は社長です

　経営改善計画を実際に実行していくのは当該企業の経営者です。その内容が経営者の腹に落ちていなければ、金融機関も実現可能性のある計画だとは見てくれません。

　こう言うと、「今まで、ここの社長は会計事務所が何度言っても、まったく数字なんか興味を持ってくれないし、将来のことも考えられないからこそ、経営改善が必要なんじゃないか!!」という反論が聞こえてきそうです。

　しかし、自分の会社のことを気にかけていない経営者などいるのでしょうか。経営者にとっては、会社自体が人生そのものであるはずです。もし、ハッキリとNOという経営者がいるのであれば、すぐにでもその会社はたたんだ方がいいでしょう。もしそうなら、これでみんな問題解決です。いかがでしょうか。

　一概にはいえないかもしれませんが、経営改善が必要とされている企業の経営者は「会社の内容が良くないことは分かっているけど、何をどうすればいいのか分からないんだよ!!」と心の奥底のどこかで、叫び続けているのだと思います。こういう経営者を、もう一度「主人公」に引き戻してあげる。その役割を顧問税理士は求められているのではないでしょうか。

5 システムを活用した 経営計画策定支援（参考）

　認定支援機関として経営計画策定支援業務を実施するためには、経営の「見える化」・会社の「磨き上げ」の支援や、中・長期経営計画を策定するためのシステム、また経営計画策定後のモニタリングを行うための体制の整備が必要です。TKCでは「TKCローカルベンチマーク・クラウド」「TKC継続MASシステム」「TKC戦略財務情報システム（FXシリーズ）」「TKCモニタリング情報サービス」などさまざまなシステムを活用し経営計画策定支援を行っています。

（1）TKCローカルベンチマーク・クラウドによる「見える化」と「磨き上げ」の支援

　前述のとおり、経営の「見える化」と会社の「磨き上げ」を支援する際の有効なツールとして経済産業省が提示する企業の健康診断ツール「ローカルベンチマーク」が挙げられます。TKCではそのローカルベンチマークにTKC独自の機能を追加した「TKCローカルベンチマーク・クラウド」を提供しています。「TKCローカルベンチマーク・クラウド」の主な特長は次のとおりです。

■「TKCローカルベンチマーク・クラウド」の主な特長

（1）BAST（TKC経営指標）と比較できる！
　①経済産業省（帝国データバンク収集）の業種データに加え、BASTの業種データとの比較を表示します。
　②BASTとの比較では、関与先ごとに設定されている業種と、

売上規模（黒字企業平均）を自動判定し「財務分析診断結果」を表示します。

（2）売上高を5期比較できる！

①金融庁は「金融仲介機能のベンチマーク」で金融機関に「ライフステージ別の与信先数、及び、融資額」の開示を求めています。このライフステージの判定に利用できる過去5期分の売上高を自動生成します。

②また、直近2年平均と過去5期平均の売上高を基に、ライフステージ（創業期・成長期・安定期・低迷期・再生期）を自動判定します。

■「TKCローカルベンチマーク・クラウド」帳表サンプル

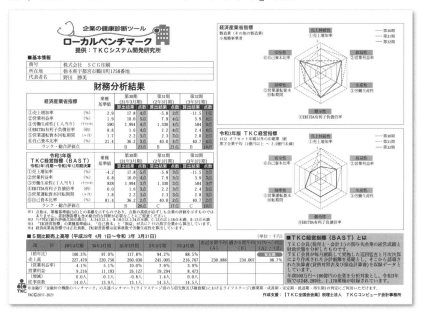

(2) TKC継続MASシステムによる「見える化」と「磨き上げ」の支援

　TKC会員会計事務所が経営計画策定支援に利用している「TKC継続MASシステム」には、次のような「見える化」と「磨き上げ」を支援するための機能があります。「TKC継続MASシステム」を利用することで経営数値と連動した「見える化」と「磨き上げ」の支援が可能となります。

■**TKC継続MASシステム画面サンプル（現状確認）**

「見える化」

「磨き上げ」対応策の検討

次の機能から現状確認と問題点の抽出を行います。

①これまでの業績確認（3期比較）

　過去3期のすう勢（傾向）から、これまでの経営状況を確認します。

②同業黒字企業比較

　TKC会員（税理士・公認会計士）の関与先企業24万社超の経営成績と財政状態を分析した『TKC経営指標（BAST）』の損益構造と財務構造に基づいた自社モデルと計画直前期の差異を確認し、経営改善のポイントを抽出します。

③経営者保証ガイドラインの要件確認

　信用保証協会が示す「経営者保証を不要とする取り扱いについて」を参考に、経営者保証解除に向けた取り組みを入力します。

磨き上げ

次の資料を参考に磨き上げの対応策を検討します。

①業種別審査事典

株式会社きんざいが発行する『業種別審査事典』から、各業種の現状分析や経営改善の方向性を探る資料を確認できます。

②経営改善ヒント集

経営改善計画の策定にあたり、その背景となる経営理念、経営戦略、課題整理などの手法が確認できます。

■TKC継続MASシステム画面サンプル（「磨き上げ」対応策の検討）

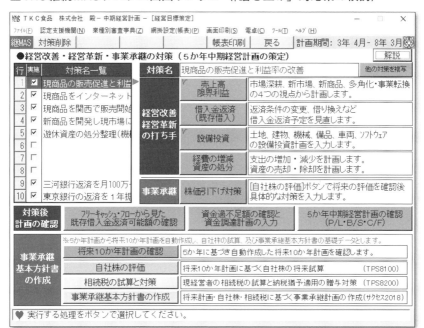

■TKC継続MASシステム画面サンプル（「磨き上げ」効果の検証）

略 TKC食品 株式会社 殿－中期経営計画－［経営目標策定］			— □ ×

ファイル(F)　認定支援機関(N)　業種別審査事典(Z)　網掛設定(帳表)(P)　画面印刷(S)　電卓(C)　ツール(T)　ヘルプ(H)

継続MAS｜目標との比較｜グラフ確認｜予測C/F｜分配率｜帳表印刷｜戻る｜計画期間: 3年 4月- 8年 3月

変動損益｜貸借対照表(資産・負債)｜貸借対照表(純資産)　　　法人税等の計算　　（単位：千円）

行	項目	前期実績		1年後		2年後		3年後	
1	売　上　高	219,717	100.0	251,717	100.0	253,717	100.0	279,717	100.0
2	（前 年 比）	119.0%		114.6%		100.8%		110.2%	
3	変 動 費 合 計	115,669	52.6	136,125	54.1	137,203	54.1	152,873	54.7
4	限 界 利 益	104,047	47.4	115,592	45.9	116,514	45.9	126,844	45.3
5	人 役 員 報 酬	11,316	5.2	11,316	4.5	11,316	4.5	11,316	4.0
6	件 給 与 ・ 賞 与	39,361	17.9	39,361	15.6	39,361	15.5	46,561	16.6
7	費 福 利 厚 生 費	5,983	2.7	5,983	2.4	5,983	2.4	7,063	2.5
8	人 件 費 計	56,661	25.8	56,660	22.5	56,660	22.3	64,940	23.2
9	他 製 造 原 価	3,043	1.4	3,065	1.2	2,787	1.1	2,787	1.0
10	の 販 売 管 理 費	21,665	9.9	24,017	9.5	29,029	11.4	24,029	8.6
11	固 支払利息・割引料	1,150	0.5	2,582	1.0	2,328	0.9	2,056	0.7
12	定 他の営業外費用	75	0.0	75	0.0	75	0.0	75	0.0
13	費 営業外収益(△)	122	0.1	122	0.0	122	0.0	122	0.0
14	設 減 価 償 却 費	9,686	4.4	12,684	5.0	12,554	4.9	12,499	4.5
15	備 地代家賃・賃借料	1,740	0.8	1,740	0.7	1,940	0.8	4,140	1.5
16	費 保険料・修繕費	5,479	2.5	5,479	2.2	5,479	2.2	5,479	2.0
17	固 定 費 合 計	99,379	45.2	106,180	42.2	110,730	43.6	115,883	41.4
18	経 常 利 益	4,668	2.1	9,412	3.7	5,784	2.3	10,961	3.9
19	平 均 従 事 員 数	12.5人		13.0人		13.5人		13.5人	

⊕ ♥ 行動計画を入力する項目を［行番号］ボタンで選択してください。

(3) 「TKC戦略財務情報システム（FXシリーズ）」や「TKCモニタリング情報サービス」を活用したモニタリング体制の整備

　TKC戦略財務情報システム（FX2）ではTKC継続MASシステムで作成した経営計画数値を登録することで月次での予実管理が可能となります。

　また、TKCモニタリング情報サービスを利用すれば、金融機関等へ適時に正確な経営情報（決算書、月次試算表）の提供が可能となります（119 - 121ページ参照）。

■TKC戦略財務情報システム（FX2クラウド）画面サンプル

第 **5** 章

認定支援機関が
知っておくべき
支援手法等

1 中小企業のための会計ルール「中小会計要領」

　我が国の会計基準が国際会計基準（IFRS）とのコンバージェンスを進める中、上場企業とは異なる次のような中小企業の実態を踏まえ、中小企業の会計の在り方を検討する必要性が指摘され、2012年2月1日に「中小企業の会計に関する基本要領」（中小会計要領）が公表されました。

中小企業の実態

①資金調達方法が、資本市場を介したものではなく、そのほとんどが金融機関からの借り入れである。

②計算書類等の開示が、取引金融機関・主要取引先・既存株主等に限られる。

③多くの中小企業では法人税法で定める処理を意識した会計処理を行っている。

④経理担当者に人数が少なく高度な会計処理に対応できる能力や十分な経理体制を持っていない。

　また、中小会計要領は以下の考えに立って作成されています。

中小会計要領のベースとなる考え

①経営者が活用したいと思えるよう、理解しやすく、自社の経営状況の把握に役立つ会計

②利害関係者（金融機関、取引先、株主等）への情報提供に資する会計

---

③実務における会計慣行を十分考慮し、会計と税法の調和を
　図った上で会社計算規則に準拠した会計
④計算書類等の作成負担は最小限に留め、中小企業に過重な負
　担を課さない会計

さらに、「中小企業の会計に関する検討会」から公表されている、中小会計要領の普及・活用策取りまとめた資料の冒頭には次のような記載があります。

【「中小会計要領」の普及・活用】

　中小企業の会計に関する検討会は、中小会計要領が定着することで、中小企業の経営者が正確な財務情報に基づき経営状況を把握して経営改善等を図り、また、自社の経営状況を金融機関等の利害関係者に情報提供できるようになることは、中小企業が存続・発展していくために極めて重要であると考える。

　この観点から、中小会計要領の普及・活用に向け、政府（中小企業庁・金融庁等）、中小企業関係者、金融機関関係者、会計専門家等（以下「各機関・団体」という。）が一丸となって推進すべき具体的取組を以下のとおり取りまとめる。

このような「中小会計要領」作成の背景などを踏まえると、会計専門家であり認定支援機関として中小企業の経営支援を行う税理士には、「中小会計要領」を活用し中小企業の存続・発展を図ることや、「中小会計要領」の普及に貢献することが求められます。

　中小会計要領については、日本税理士会連合会よりチェックリストが公表されており、実務上は、このチェックリストに従い決算を行っていくことになります。

■『「中小企業の会計に関する基本要領」の適用に関するチェックリスト』(日本税理士会連合会)

◢日本税理士会連合会

「中小企業の会計に関する基本要領」の適用に関するチェックリスト

【平成 27 年 4 月公表】

[会 社 名] _____

代表取締役 _____ 様

　私は、貴社の平成　年　月　日から平成　年　月　日までの事業年度における計算書類への「中小企業の会計に関する基本要領」(以下「中小会計要領」という。)の適用状況に関して、貴社から提供された情報に基づき、次のとおり確認を行いました。

平成　年　月　日

　　　　　　　　　税 理 士 _____ 印　登録番号 _____
　　　　　　　　　[事務所の名称及び所在地]

　　　　　　　　　_____ 税理士法人番号 _____

　　　　　　　　　[連絡先電話番号] 　(　　　　)　-

No.	勘定項目等	確 認 事 項	残高等	チェック	
1	収益、費用の基本的な会計処理	収益は、原則として、製品、商品の販売又はサービスの提供を行い、かつ、これに対する現金及び預金、売掛金、受取手形等を取得した時に計上され、費用は、原則として、費用の発生原因となる取引が発生した時又はサービスの提供を受けた時に計上されているか。		YES	NO
		収益とこれに関連する費用は、両者を対応させて期間損益が計算されているか。		YES	NO
2	資産、負債の基本的な会計処理	資産は、原則として、取得価額で計上されているか。		YES	NO
		負債のうち、債務は、原則として、債務額で計上されているか。		YES	NO
3	金銭債権及び債務	預貯金は、残高証明書又は預金通帳等により残高が確認されているか。		YES	NO
		金銭債権がある場合、原則として、取得価額で計上されているか。	無	有	
				YES	NO
		金銭債務がある場合、原則として、債務額で計上されているか。	無	有	
				YES	NO
		受取手形割引額及び受取手形裏書譲渡額がある場合、これが貸借対照表の注記とされているか。	無	有	
				YES	NO
4	貸倒損失貸倒引当金	法的に消滅した債権又は回収不能な債権がある場合、これらについて貸倒損失が計上されているか。	無	有	
				YES	NO
		回収不能のおそれのある債権がある場合、その回収不能見込額が貸倒引当金として計上されているか。	無	有	
				YES	NO
5	有価証券	有価証券がある場合、原則として、取得原価で計上され、売買目的の有価証券については、時価で計上されているか。	無	有	
				YES	NO
		時価が取得原価よりも著しく下落した有価証券を保有している場合、回復の見込みがあると判断されたときを除き、評価損が計上されているか。	無	有	
				YES	NO
6	棚卸資産	棚卸資産がある場合、原則として、取得原価で計上されているか。	無	有	
				YES	NO
		時価が取得原価よりも著しく下落した棚卸資産を保有している場合、回復の見込みがあると判断されたときを除き、評価損が計上されているか。	無	有	
				YES	NO

No.	勘定項目等	確認事項	残高等	チェック
7	経過勘定	経過勘定がある場合、前払費用及び前受収益は、当期の損益計算に含まれず、また、未払費用及び未収収益は、当期の損益計算に反映されているか。 (注) 金額的に重要性の乏しいものについては、受け取った又は支払った期の収益又は費用として処理することも認められます。	無	有 YES　NO
8	固定資産	固定資産がある場合、原則として、取得原価で計上されているか。	無	有 YES　NO
		有形固定資産は、定率法、定額法等の方法に従い、無形固定資産は、原則として定額法により、相当の減価償却が行われているか。 (注)「相当の減価償却」とは、一般的に、耐用年数にわたって、毎期、規則的に減価償却を行うことが考えられます。	無	有 YES　NO
		固定資産について、災害等により著しい資産価値の下落が判明した場合は、相当の金額が評価損として計上されているか。	無	有 YES　NO
9	繰延資産	資産として計上した繰延資産がある場合、その効果の及ぶ期間で償却されているか。	無	有 YES　NO
		法人税法固有の繰延資産がある場合、長期前払費用等として計上され、支出の効果の及ぶ期間で償却されているか。	無	有 YES　NO
10	リース取引	リース取引に係る借手である場合、賃貸借取引又は売買取引に係る方法に準じて会計処理が行われているか。	無	有 YES　NO
11	引当金	将来の特定の費用又は損失で、発生が当期以前の事象に起因し、発生の可能性が高く、かつ、その金額を合理的に見積ることができる場合、賞与引当金や退職給付引当金等として計上されているか。 (注) 金額的に重要性の乏しいものについては、計上する必要はありません。	無	有 YES　NO
		中小企業退職金共済、特定退職金共済等が利用されている場合、毎期の掛金が費用処理されているか。	無	有 YES　NO
12	外貨建取引等	外貨建金銭債権債務がある場合、原則として、取引時の為替相場又は決算時の為替相場による円換算額で計上されているか。	無	有 YES　NO
		決算時の為替相場によった場合、取引時の円換算額との差額を為替差損益として損益処理されているか。	無	有 YES　NO
13	純資産	純資産のうち株主資本は、資本金、資本剰余金、利益剰余金等から構成されているか。		YES　NO
		期末に自己株式を保有する場合、純資産の部の株主資本の末尾に自己株式として一括控除する形式で表示されているか。	無	有 YES　NO
14	注記	会社計算規則に基づき、重要な会計方針に係る事項、株主資本等変動計算書に関する事項等が注記されているか。		YES　NO
		会計処理の方法が変更された場合、変更された旨、合理的理由及びその影響の内容が注記されているか。	無	YES　NO
		中小会計要領に拠って計算書類が作成された場合、その旨の記載の有無を確認したか。		YES　NO
15		すべての取引につき正規の簿記の原則に従って記帳が行われ、適時に、整然かつ明瞭に、正確かつ網羅的に会計帳簿が作成されているか。		YES　NO
		中小会計要領で示していない会計処理の方法が行われている場合、その処理の方法は、企業の実態等に応じて、一般に公正妥当と認められる企業会計の慣行の中から適用されているか。	無	YES　NO

① 「残高等」の欄については、該当する勘定項目等の残高がない場合又は「確認事項」に該当する事実がない場合は、「無」を〇で囲みます。「確認事項」に該当する場合において、中小会計要領に従って処理しているときは、「チェック」欄の「YES」を、中小会計要領に従って処理していないときは、「チェック」欄の「NO」を〇で囲みます。

② 「NO」の場合は、「所見」欄にその理由等を記載します。

③ 「所見」欄には、上記のほか、会社の経営に関する姿勢、将来性、技術力等の内容を記載することもできます。

所　見	

中小企業等の経営強化に関する基本方針

（総務省、厚生労働省、農林水産省、経済産業省、国土交通省告示）

第2　経営革新

1　経営革新の内容に関する事項

　（省略）

2　経営革新の実施方法に関する事項

　（省略）

3　海外において経営革新のための事業が行われる場合における国内の事業基盤の維持その他経営革新の促進に当たって配慮すべき事項

　一　国内の事業基盤の維持

　　（省略）

　二　計画進捗状況についての調査

　　（省略）

　三　外部専門家の活用

　　（省略）

　四　信頼性のある計算書類等の作成及び活用の推奨

　　　国や都道府県は、中小企業に会計の定着を図り、会計の活用を通じた経営力の向上を図ることに加え、中小企業が作成する計算書類等の信頼性を確保して、資金調達力を向上させ、中小企業の財務経営力の強化を図ることが、経営革新の促進のために重要であるとの観点から、**中小企業者に対し、「中小企業の会計に関する基本要領」又は「中小企業の会計に関する指針」に拠った信頼性のある計算書類等の作成及び活用を推奨**する。

中小会計要領に準拠した決算書の作成をした場合や自社の経営に積極的に活用する中小企業には次のような支援策が用意されています。（2021年8月末時点。詳細は中小企業庁ウェブサイト参照）

金融面での支援策

①日本政策金融公庫における「中小企業会計活用強化資金」

　中小企業会計要領等に準拠した計算書類の作成及び期中における資金繰り管理等の会計活用を目指す中小企業に対して、基準金利で貸付を行います。また、一定の要件を満たす場合は、優遇利率（基準金利▲0.4%）が適用されます。

②「中小企業の会計に関する基本要領」の適用に関するチェックリストを利用した金融商品を取扱う金融機関

　民間金融機関から次ページに掲げる金融商品が出ています。

■『「中小企業の会計に関する基本要領」の適用に関するチェックリスト』を利用した金融商品を取扱う金融機関

（2021年8月末現在）

地域	金融機関	商品
北海道地域	北洋銀行	ほくよう中小会計要領活用型経営力強化ローン
東北地域	二本松信用金庫	まつしん法人会・税理士会パートナーローン
	相双五城信用組合	パートナーローン
	東邦銀行	TKC提携ローン
関東地域	かながわ信用金庫	税理士紹介ローン2000
	京葉銀行	αBANKビジネスサポートローン
	城南信用金庫	城南中小企業会計活用・応援ローン
	中栄信用金庫	なかしん税理士ご紹介ローン
	東京東信用金庫	ひがしん中小企業会計活用ローン
	長野県信用組合	けんしん中小企業会計活用ローン
東海地域	大垣共立銀行	「中小企業会計」活用ローン
	静岡中央銀行	しずちゅう中小企業会計活用資金
	十六銀行	じゅうろく創業応援ローン「チャレンジサポート」（協調口）
	飛騨信用組合	中小企業会計活用ローン（当座貸越）
中国地域	トマト銀行	トマト中小企業会計活用ローン
	鳥取信用金庫	中小企業会計活用ローン
	広島銀行	中小企業経営力強化融資制度
四国地域	伊予銀行	法人会・税理士会コラボレーションローン
	愛媛銀行	ひめぎん法人会・税理士会コラボレーションローン（証書貸付）
	愛媛信用金庫	あいしん法人会・税理士会コラボレーションローン
	東予信用金庫	とうしん法人会・税理士会コラボレーションローン
	川之江信用金庫	かわしん法人会・税理士会コラボレーションローン
	高知銀行	こうぎん事業融資「高知家の輪」Ⅱ

（各金融機関ウェブサイト等の情報を基に作成）

政策面での支援策

①「中小企業の会計に関する基本要領」の利用による加点などがある補助事業

中小会計要領を会計ルールとして採用する企業に対して、補助事業の加点などが行われます。中小会計要領の利用が条件となっているもの、努力目標とされているものもあります。

- JAPANブランド育成支援事業
- 戦略的基盤技術高度化支援事業
- ものづくり・商業・サービス高度連携促進事業
- 小規模事業者持続化補助金事業
- ものづくり補助事業
- 中小企業等事業再構築促進事業
- 商業・サービス競争力強化連携支援事業（新連携支援事業）

2 書面添付制度

(1) 書面添付制度とは

税理士法第33条の2第1項では、書面添付制度について次のように規定されています。

税理士法第33条の2第1項
（計算事項、審査事項等を記載した書面の添付）〈抄〉

税理士又は税理士法人は、（中略）租税の課税標準等を記載した申告書を作成したときは、当該申告書の作成に関し、計算し、整理し、又は相談に応じた事項を財務省令で定めるところにより記載した書面を当該申告書に添付することができる。

本条に規定されている書面の添付は、納税者の委嘱を受けた税理士が、税務の専門家の立場から、その申告書の作成に関してどの程度内容に関与し、どのように調製したものであるかを積極的に明らかにすることによって、法令に沿った適正な申告書の作成及び提出に資するとともに、国税当局もこれを尊重することで税務行政の円滑化と簡素化を図ろうとする趣旨から設けられている任意規定ですが、これは、税理士法第1条の果たすべき公共的使命を実務面で展開するものとなります。

また、書面添付制度においては、2001年の税理士法改正で意見聴取制度が拡充され、税理士法第33条の2第1項または第2項に規定す

る書面添付が添付されている申告書については従来の更正前の意見聴取に加え、調査の事前通知前に税理士に対し意見聴取を行うことが規定されました。さらに、国税等は2009年以後3回にわたり「事務運営指針」を改正しましたが、記載内容が良好な書面添付について税理士法第35条の第1項に規定する意見聴取を行った結果、調査が必要ないと認められた場合は、税理士等に対し「現時点では調査に移行しない」旨を原則として書面（意見聴取結果についてのお知らせ）により通知することが明記されました。

このように、これまで書面添付制度は税務申告の場面での利用が進められてきましたが「書面添付の証明力」という観点から税務申告以外での利用方法が見直されています。

(2) 書面添付の証明力

税理士自ら計算し、整理し、相談に応じた事項を書面にして申告書に添付する書面添付業務は、当該税理士に対する懲戒処分によってその実効性が担保されています。つまり、書面添付に記載された内容は税理士の立場からその「実質的適正性」を証明したことになるため、「情報の信頼性」が保証されたということになります。

一方で、法人税法第74条は「確定申告主義」を定めています。法人税は、株主総会で確定した決算に基づいて作成した法人税申告書を税務署長に提出することとされています。したがって税務申告書の適正性を証明することは、同時にその基となる決算書の信頼性を保証することになります。

書面添付制度は、本来、税務申告書の品質を証明するために税理士が独占的に与えられた制度でありますが、間接的であれ公認会計士の法定監査制度が及ばない中小企業の決算書の品質を証明することができる、唯一の法定制度であると考えられます。

(3) 金融機関の取り組み

　税務の観点だけではなく、会計の観点からも書面添付の証明力が認められる中で、多くの金融機関等で書面添付を活用した取り組みが進んでいます。さらに、「経営者保証ガイドライン」を適用するか否かの判断材料として添付書面を活用する動きも現れてきています。

　つまり書面添付された決算書には一定の信頼性が付与されているという見解が、融資の現場においては定着しつつあります。冒頭で述べた認定支援機関の趣旨を踏まえると、中小企業の資金調達力の向上を支援するためには、「書面添付制度」の活用は非常に有効な支援策であると考えられます。

■各金融機関の書面添付に対する優遇措置等（抜粋）

（2021年8月末現在）

融資商品	融資限度額	融資期間	書面添付の扱い
三菱UFJ銀行			
「極め」	1,000万円以上3,000万円以下	2年・3年・4年・5年	1.3%（貸出期間に係らず一律） 以下の条件により、最大金利優遇時、年率▲0.9% ・TKC全国会による「書面添付」…▲0.3% ・「中小会計要領」に則っていることの表明…▲0.3% ・「記帳適時性証明書」の「◎」が30個以上…▲0.3%
埼玉りそな銀行			
―	―	―	書面添付実践その他の要件を満たすことで経営者保証免除が受けられる。
常陽銀行			
常陽のTKC戦略経営者ローン	レギュラー： 下限100万円 上限2,000万円刻み10万円 ワイド： 下限100万円 上限2,000万円刻み10万円	1か月以上、最長36か月 返済期間の単位は特になし。 ただし、期日一括返済の場合は6か月以内。	レギュラー：年率2.10%～（変動金利） ※ただし、書面添付実践企業の場合は、0.125%優遇。 ワイド：年率2.35%～（変動金利） ※ただし、FX2シリーズ、継続MAS利用、書面添付の1項目を実践するごとに、0.125%を優遇。

融資商品	融資限度額	融資期間	書面添付の扱い
武蔵野銀行			
むさしのTKC戦略経営者ローン	100万円以上、最高額1,000万円。10万円刻み。ただし、既に関係会社等を含め本ローンの借入がある場合は、今回借入金額と各社の借入残高の合計額が、上限範囲内とする。 また、直近決算における平均月商の3倍を融資金額の上限とする。	3か月以上、最長12か月。 1か月単位	レギュラー：年率2.6％〜6.6％（変動金利） 書面添付実践企業は、年率0.5％優遇。 ワイド：年率3.6％〜7.6％（変動金利） 「FX2シリーズ」導入、「継続MASシステム」を利用、「書面添付」の1項目を実践するごとに、年率0.5％優遇。
しずおか信用金庫			
TKC提携ローン	10万円以上5,000万円以内（1千円単位）	運転資金 1年以上5年以内 設備資金 1年以上7年以内	・下記項目を満たす場合は、所定金利より最大年1.00％の金利優遇。ただし、貸出条件等によっては、利用できない場合あり。 ①記帳適時性証明書の添付があり、直近1年間の月次決算の状況が「◎」または「○」である…▲0.4％ ②継続MASシステムを利用し、経営計画を策定…▲0.3％ ③税理士法第33条の2第1項に規定する書面添付を実施…▲0.2％ ④中小企業の会計に関する指針または基本要領を活用…▲0.1％
中京銀行			
「太鼓判」	5,000万円以下	運転資金7年以内 （据置期間1年以内） 設備資金10年以内 （据置期間1年以内）	下記①〜③に当てはまる場合は、1項目につき0.3％の金利優遇。下記④に当てはまる場合は、0.1％の金利優遇を。 最大優遇幅1.0％（①〜④すべてに当てはまる場合） ①「中小会計要領」を会計ルールとして採用されていること ②申告書に「申告書の適正性」を表明する税理士法第33条の2の書面が添付されていること ③TKCが発行する「記帳適時性証明書」において、月次決算・年次決算の「◎」が合計30個以上あること ④「TKCモニタリング情報サービス（FinTechサービス）」を利用していること

融資商品	融資限度額	融資期間	書面添付の扱い
みなと銀行			
みなと TKC ローン	5,000万円以内 (100万円単位)	運転資金： 最長5年以内 設備資金： 最長7年以内	以下の条件に当てはまる場合、該当項目数に応じて最大0.5%の金利優遇を適用。 1項目該当▲0.2%、 2項目該当▲0.3%、 3項目該当▲0.5% 1. 決算申告確認書(税理士法第33条の2第1項に規定する添付書面)が添付されている関与先 2. 「中小企業の会計に関する基本要領」の適用に関するチェックリストの提出が可能な関与先 3. 「会計帳簿作成の適時性(会社法第432条)と電子申告に関する証明書」において、過去3年間の月次決算及び年次決算の状況の「◎」が合計30個以上ある関与先
中国銀行			
中銀ビジネスローン(TKCローン)	100万円以上 3,000万円以内 (10万円単位)	・運転資金：1年以上7年以内 ・設備資金：1年以上10年以内	通常金利から、一律年0.3%優遇 以下の条件により最大で年0.7%の金利優遇。 1. 次の項目に該当するごとに一律年0.1%優遇（最大年0.4%優遇） ①TKCが発行する「記帳適時性証明書」の◎項目が30個以上ある ②「TKC継続MASシステム」を利用した中期経営計画を作成している ③「TKCFX2シリーズ」（自計化）を利用 ④「書面添付制度」（税理士法33条2）を利用 2. 信用保証協会保証を利用する場合一律年0.3%優遇

融資商品	融資限度額	融資期間	書面添付の扱い
トマト銀行			
「絆」	100万円以上 3,000万円以内	運転資金：5年以内 設備資金：7年以内	年1.5%（変動金利、短期プライムレート連動） ※下記の条件にあてはまる場合は、最大年0.6%金利を引き下げ。 1.「中小会計要領」を会計ルールとして採用されている中小企業者 2.申告書に「申告書の適正性」を表明するTKC税理士書面が添付されている中小企業者 3.株式会社TKCが発行する「記帳適時性証明書」において、月次決算・年次決算の「◎」が合計30個ある中小企業者
広島銀行			
中小企業 経営力 強化融資 制度	5,000万円以内	【新規融資プラン】 運転資金：10年以内 設備資金：15年以内 【おまとめプラン】 借換資金：10年以内	以下の要件を満たす関与先は、最大0.5%の金利引下げが可能 ・チェックリストの全項目に適合している場合0.3% ・税理士法第33条の2第1項に規定する添付書類の提出0.2% ・㈱TKCが発行する「記帳適時性証明書」の提出0.3%

3 「経営者保証に関するガイドライン」の活用

(1) 中小企業の経営者保証の実態と課題

　現在、金融機関から借り入れを行っている中小企業のうち、90%近くの経営者が個人保証の提供を行っているといわれています。中小企業が借り入れの際に経営者保証を求められるのは、大企業に比べて財務基盤が充実していないことが最大の理由と思われますが、それ以外にも以下のような中小企業の特性が考えられます。

- 会社と個人の一体性
- 企業の状況を適時適切に判断する情報が不足
- 中小企業金融の慣行として定着してしまっている

　経営者保証により中小企業は金融機関からの資金調達を可能にすることができる反面で、経営者保証がもたらす弊害として次のようなことが指摘されています。

- 「経営者による思い切った事業展開」を阻害する
- 「経営者の再チャレンジ」を阻害する
- 「円滑な事業承継」を阻害する

(2) 「経営者保証に関するガイドライン」の概要

　前述のとおり、中小企業が金融機関から借り入れを行う際には経営者保証を提供することが当然のようになっていますが、経営者保証は、中小企業の積極的な経営を妨げる要因にもなっています。

　そこで、「経営者保証に関するガイドライン」は、経営者保証の課題・

弊害を解消することで、中小企業が積極的に事業展開しやすい環境を整備し、中小企業の活力を一層引き出すことを目的として制定されました。

(3)「経営者保証に関するガイドライン」の適用

「経営者保証に関するガイドライン」（以下、ガイドライン）では経営者保証に依存しない融資を一層促進するために、保証契約を締結するときの対応として企業・経営者や金融機関に対しそれぞれ次のような対応を求めています。

【企業・経営者に求める3つの経営状態】
- 法人と経営者との関係の明確な区分・分離
- 財務基盤の強化
- 財務状況の正確な把握、適時適切な情報開示等による経営の透明性の確保

【金融機関に求めること】
　　企業が求められる経営状態を将来にわたって満たすものと見込まれる場合には
- 経営者保証を求めない可能性
- 経営者保証の機能を代替する融資手法を活用する可能性

税理士が認定支援機関として中小企業の継続・発展を支援するにあたっては、経営者保証が経営に与える弊害を理解した上で、必要に応じガイドラインの適用を促す必要があります。つまり【企業・経営者に求める3つの経営状態】を確保するための支援と、金融機関からの借り入れの際のガイドライン適用の可否についての検討を求めます。
　【企業・経営者に求める3つの経営状態】を確保するための支援としては次のような方法が考えられます。

①法人と経営者との関係の明確な区分・分離

　「会社と個人の『財布』を明確に分ける」「事業上の必要性がない経営者への貸し付けを行わない」など、会社の健全な経営を行うためには基本的なことです。しかし、中小企業では個人と法人が混同しているケースが多々見られるため、経営者が自律的に会社と個人の資金を明確に区分することが、健全な会社経営の第一歩であることを継続的に指導することが重要です。

②財務基盤の強化

　日々の業務を通して、または認定支援機関による経営計画策定支援業務などを通して、会社の財務基盤の強化を図ります。具体的には会社のみの資産・収益力で借入金の返済が可能と判断できる財務状況となるよう、黒字化支援による内部留保の確保やキャッシュ・フローの改善支援を行います。

③財務状況の正確な把握、適時適切な情報開示等による経営の透明性の確保

　中小会計要領の適用や書面添付制度の活用による決算書の信頼性向上と、日々の正確な会計処理に基づいた月次決算体制の整備や金融機関に定期的に業績を報告することによる金融機関との信頼関係の構築を支援します。

4 「情報の非対称性」の解消

(1)「情報の非対称性」の解消の重要性

　中小会計要領を適用した経営管理体制の構築や書面添付制度の活用による決算書や申告書の信頼性の向上など、会社の継続や発展のためのさまざまな施策や、「経営者保証に関するガイドライン」適用のための体制確保を行っても、これを会社が積極的にアピールすることをしなければ中小企業金融の円滑化にはつながりません。

　こういった点について、『2003年版中小企業白書』の第2部第3章第1節の「2.中小企業の資金調達条件」では、中小企業金融における問題点として次のように説明されています。

> **(4) 中小企業金融において存在する「情報の非対称性」**〈抄〉
>
> 　中小企業の資金調達は一般的に大企業に比べて厳しい条件に直面している。こうした現象は、なぜ、生じるのであろうか。このことは、次のように考えることができる。すなわち、金融取引においては、貸手である金融機関は、借り手から元金と利息を長期間にわたって返済してもらって、初めて収益となる。したがって、借り手が長期間にわたって返済できるかどうかということを見極めるために、借り手の正確な情報を入手することが、決定的に重要である。
>
> 　ところが、中小企業金融においては、一般的に貸出額が大企業に比べて小さいため、そうした情報を入手するための審査や貸出後のモニタリングを十分に行うことが困難であり、審査を

補う格付け機関やアナリスト等も存在しないので、借り手の質や、借りた後の行動を正確に把握することが難しい。そのため、貸手と借り手の間に「情報の非対称性」が生じることとなり、リスクが不確かな中小企業への貸出しを控え、条件を厳しくして対応しているということが考えられる。

現在においても、依然としてこのような中小企業金融における「情報の非対称性」という問題が存在しています。また、中小企業金融施策が「事業性評価」に大きく舵を切る環境変化の中で、中小企業の資金調達の向上を支援する認定支援機関の立場からはもちろんですが、中小企業の資金調達の大部分を担う立場である金融機関の側からも、「情報の非対称性」を解消することは大きな課題であるといえます。

そして、このような「情報の非対称性」を解消させるためには、情報優位者である「企業」が自社の経営状況を情報劣位者「金融機関」に提示する必要があります。つまり、中小企業金融の円滑化のための重要なポイントは、「会社は自社の経営状況を金融機関に理解してもらうために必要十分な情報をタイムリーに提供する」という積極的な姿勢をとる必要があるという点にあります。「金融機関から求められた情報を、求められたときに必要な範囲で提供する」という消極的な姿勢では不十分なのです。

具体的な方法としては次のような方法が考えられます。

- 早期経営改善計画策定支援事業の活用など経営計画書の提供
- 月次・四半期・半期ごとの試算表（業績報告書）の提供や金融機関担当者への経営会議への参加要請
- 決算報告会の実施

（2）「情報の非対称性」の解消を実現する「TKCモニタリング情報サービス」の活用

　先に述べたとおり、中小企業金融の円滑化のためには「情報の非対称性」の解消が必要となりますが、株式会社TKCではそのための具体的な方法として「TKCモニタリング情報サービス」を提供しています。

■TKCモニタリング情報サービスのイメージ

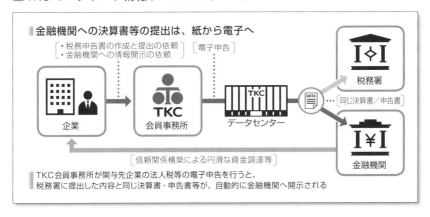

　このサービスは、関与先の了解の下、電子申告を行うと同時に同サービスを採用する取引先金融機関（2021年6月末現在全国463金融機関）に対し、決算書及び税務申告書等の基本帳表に加え、必要に応じさまざまなオプション帳表をインターネット経由で提出することができるものです。

　「TKCモニタリング情報サービス」により、企業が自社の経営情報を自主的に提供することで、金融機関が融資の際に必要となる情報を、手間をかけることなく入手することができます。また、提供される情報の質という面からは、オプション帳表として「中小会計要領チェックリスト」「記帳適時性証明書※」「税理士法第33条の2第1項に規定

する添付書面」を同時に提供することにより、決算書の信頼性が保証されています。

　さらに、「中期経営計画書・次期予算書」「ローカルベンチマーク」などの資料は、金融機関が実施する「事業性評価」のための有用な情報となります。

　実際に「TKCモニタリング情報サービス」を活用している金融機関からは「事前に決算書を分析して提案ポイント等を整理した上で経営者と面談できる」「積極的に情報開示してくれる企業の姿勢を高く評価している」「決算書の収集が早まりさまざまな提案を迅速に実施できる」など、高い評価が寄せられています。

※記帳適時性証明書

　記帳適時性証明書は、株式会社TKCからTKC会員に対して発行されています。その目的は、以下の事項を証明することにあります。

①当該関与先は、これまで3年以上にわたって、TKC会員の指導の下で「適時に」会計帳簿を記帳していること。

②TKC会員が、これまでの3年間において実施した巡回監査と月次決算の日付と、監査した仕訳件数。

③月次決算の終了と同時に、その時点までの会計帳簿は閉鎖されるため、過去データに対する改ざんは一切なされなかったこと。

④決算書がその計算根拠となる会計帳簿と完全に一致していること。そして、その決算書の各頁左下に付番された固有番号。

⑤決算書の個別注記表に、その決算書が「中小会計要領」あるいは「中小指針」に準拠している旨の記載があるかどうか。

⑥税理士が作成した法人税申告書等が、その決算書に基づいて作成されていること。

⑦その法人税申告書等は、決算書と共に電子申告されていること。

⑧電子申告された法人税申告書等には、税理士法33条の2に規定する添付書面が添付されているかどうか。

■記帳適時性証明書（サンプル）

（原本PDF）	**記帳適時性証明書**	第 2317773995 号

（当法人は、日々の記帳から会計帳簿・月次試算表・決算書・税務申告書の作成と電子申告まで一気通貫です。）

発行日：令和 3 年 5 月14日

税理士法人　ＴＫＣコンピュータ会計事務所　殿

株式会社ＴＫＣ
代表取締役社長　飯塚　真規

貴関与先法人　株式会社　ＳＣＧ印刷　　　　　　（法人番号:7123456789012）殿における
会計帳簿の適時作成義務(会社法第432条①)の遵守状況、並びに決算書は会計帳簿と完全一致していること、
さらに電子申告した法人税申告書は当該決算書に基づいていること(法人税法第74条①)を証明します。

（審査）Y N

1. 「**資料1：過去3年間における月次決算及び年次決算の状況**」について
　①ＴＫＣ会員は「ＴＫＣ全国会行動基準書」に基づいて、会計記録の適法性等を確保するため毎月、関与先に出向き巡回監査することが求められています。貴事務所の実践状況は資料1のとおりです。
　②「監査対象月」は貴事務所が巡回監査を行った会計期間、「仕訳数」は当月の試算表に計上された仕訳の件数、「データ処理日」は月次決算が完了した日を示しています。
　③「決算書に付した番号」（17行目）は、書面の「決算報告書」の各頁左下に付した番号で、これと同一の番号が印刷されている貸借対照表及び損益計算書は、会計帳簿の期末科目残高と完全に一致しています。

2. 「**資料2：前期（第 32 期）の法人税申告書の作成状況**」について
　①ＴＫＣシステムは会計帳簿（仕訳帳・元帳・月次の試算表）及び決算書の作成、これに続く法人税申告書・消費税申告書の作成、さらには国税と地方税の電子申告まで一気通貫となっています。
　②前期の決算書に計上された「税引き後当期純利益（損失）」（資料1の18行目Ⓐ）と前期の法人税申告書別表4の「当期利益又は当期欠損の額(1)」（資料2の2行目Ⓑ）とは完全に一致しており、貴関与先殿の法人税申告書は当該決算書に基づいて作成されています。

3. 税理士法第33条の2に定める書面添付（「決算申告認書」の提出）の実践について
　ＴＫＣ会員は「ＴＫＣ全国会行動基準書」により、税務申告書の提出に当たっては、税理士法第33条の2に基づく書面を添付することが求められています。貴事務所の実績は資料3（3行目）のとおりです。

4. ＴＫＣ財務会計システムの継続利用期間について
　①貴関与先の財務データは、平成27年 4月分から継続して利用しており、利用期間は 6年 0か月となります。
　②この利用期間において過去仕訳及び科目残高の遡及的な修正・追加・削除の処理はなされていません。

5. この証明書の真正性は、ＴＫＣ全国会ＨＰ（ https://www.tkc.jp/ ）から確認できます。
　なお、ここでは事務所名と商号の表示を省略しています。（掲載期限：令和 4年 5月31日）　　　　　　　以上

資料1：過去3年間における月次決算（◎翌月：○翌々月：無印遅れ/期首月と期末月は調整）及び年次決算の状況

年月	第30期 平成30年 4月 1日-平成31年 3月31日				第31期 平成31年 4月 1日-令和 2年 3月31日				第32期 令和 2年 4月 1日-令和 3年 3月31日			
	監査対象月	仕訳数	データ処理日	注	監査対象月	仕訳数	データ処理日	注	監査対象月	仕訳数	データ処理日	注
1	平成30年 4月	982	平成30年 5月22日	◎	平成31年 4月	848	令和 1年 5月22日	◎	令和 2年 4月	892	令和 2年 5月22日	◎
2	平成30年 5月	941	平成30年 6月10日	◎	令和 1年 5月	817	令和 1年 6月14日	◎	令和 2年 5月	854	令和 2年 6月12日	◎
3	平成30年 6月	933	平成30年 7月11日	◎	令和 1年 6月	789	令和 1年 7月12日	◎	令和 2年 6月	840	令和 2年 7月10日	◎
4	平成30年 7月	956	平成30年 8月10日	◎	令和 1年 7月	803	令和 1年 8月16日	◎	令和 2年 7月	854	令和 2年 8月14日	◎
5	平成30年 8月	964	平成30年 9月18日	◎	令和 1年 8月	774	令和 1年 9月13日	◎	令和 2年 8月	831	令和 2年 9月11日	◎
6	平成30年 9月	927	平成30年10月16日	◎	令和 1年 9月	791	令和 1年10月15日	◎	令和 2年 9月	828	令和 2年10月 9日	◎
7	平成30年10月	940	平成30年11月14日	◎	令和 1年10月	753	令和 1年11月11日	◎	令和 2年10月	846	令和 2年11月13日	◎
8	平成30年11月	955	平成30年12月14日	◎	令和 1年11月	803	令和 1年12月13日	◎	令和 2年11月	861	令和 2年12月11日	◎
9	平成30年12月	963	平成31年 1月17日	◎	令和 1年12月	826	令和 2年 1月16日	◎	令和 2年12月	882	令和 3年 1月15日	◎
10	平成31年 1月	976	平成31年 2月18日	◎	令和 2年 1月	785	令和 2年 2月14日	◎	令和 3年 1月	855	令和 3年 2月12日	◎
11	平成31年 2月	970	平成31年 3月15日	◎	令和 2年 2月	819	令和 2年 3月16日	◎	令和 3年 2月	879	令和 3年 3月12日	◎
12	平成31年 3月	991	平成31年 4月15日	◎	令和 2年 3月	834	令和 2年 4月15日	◎	令和 3年 3月	887	令和 3年 4月16日	◎
13	年次決算	21	令和 1年 5月14日	◎	年次決算	20	令和 2年 5月12日	◎	年次決算	19	令和 3年 5月14日	◎
14												
15												
16												
17	決算書に付した番号	T47884			決算書に付した番号	R05921			決算書に付した番号	V83268		
18	税引き後当期純利益（損失）	19,082,572円			税引き後当期純利益（損失）	15,086,586円			税引き後当期純利益（損失）Ⓐ	8,668,706円		

（注）前期（第32期）の決算書の個別注記表には、中小会計要領に準拠している旨の記述があります。

資料2：前期（第 32 期）の法人税申告書の作成状況

1	法人税申告書の作成の日及び提出方法	令和 3年 5月14日	法人税申告書はＴＫＣシステムで作成され電子申告されています。
2	別表4の「当期利益又は当期欠損の額(1)」Ⓑ	8,668,706円	Ⓐ と Ⓑ は一致しており、申告書は決算書に基づいています。
3	別表1の「法人税額 (2)」	1,770,488円	

資料3：前期（第32期）のＫＦＳの利用状況

1	K：継続MAS（経営計画）	◉ 利用 ○ 未利用
2	F：FXシリーズ（自計化）	◉ 利用 ○ 未利用
3	S：書面添付（税理士法33-2）	◉ 実践 ○ 未実践

■ＴＫＣ全国会登録情報

1	会員氏名	税理士法人　ＴＫＣコンピュータ会計事務所
2	入会日（経過年数）	平成 2年10月14日 （30年 6か月）
3	経営革新等支援機関	◉ 認定 ○ 未認定
4	事務所ホームページ	https://www.tkccomputerao.co.jp/

ＴＫＣ©2019

121

(3) 認定支援機関としての「TKCモニタリング情報サービス」の活用

　認定支援機関が実施する「経営計画策定支援業務」においても「TKCモニタリング情報サービス」を活用する場面があります。モニタリング会議を行う際に、会議の実施に先駆けて「TKCモニタリング情報サービス」により経営状況の報告をしておくことで、金融機関の担当者は十分な事前準備を行うことができ、より実効性の高い支援が可能となります。

　また、月次、四半期または半期ごとに企業の経営状況についての情報を提供することで、制度上のモニタリング報告だけでなく、適時に企業の経営状況を報告する体制を構築することができます。

　このように認定支援機関として金融機関との連携を図る上で、「TKCモニタリング情報サービス」は情報提供のためのインフラともいえる重要な役割を果たすことになります。

第 6 章

金融支援のために
押さえておきたい
基礎知識

1 金融支援も認定支援機関の業務

　認定支援機関制度は、中小企業金融円滑化法の最終延長が決定され、翌年3月に終了しようとする中、2012年8月に創設されました。また、前年に発生した、東日本大震災も中小企業の経営環境に大きく影を落としていた時期でもありました。

　中小企業金融円滑化法とは、2008年のリーマンショックに端を発する、世界的な金融恐慌の影響により急激に悪化した中小企業の資金繰りを支援することを目的として、時限措置として制定された法律で、金融機関に対し、中小企業事業者から借入金の条件変更（リスケジュール等）を求められた際には、できる限り適切に対応するよう求めるものでした。

　その中小企業金融円滑化法が終了しようとするときに生まれた認定支援機関には、中小企業の資金調達力の強化を支援する役割が求められています。大部分の中小企業は資金を金融機関から調達しています。認定支援機関には、中小企業と金融機関の間の信頼関係を強固にし、中小企業が適切に資金調達を行い、資金繰りを安定化させる役割が求められています。そのためには、金融支援に必要な基礎知識を身につけておく必要があります。

【参考】 リーマンショック以降の金融行政の変遷

| 2008年9月 | 米国の投資銀行「リーマン・ブラザーズ」の経営破たん |

| 2008年11月 | 貸出条件緩和が円滑に行われるための措置 |

➡リスケのしやすい環境整備

「金融検査マニュアル別冊（中小企業融資編）」の改訂、

「中小・地域金融機関向けの総合的な監督指針」の改正

➡金融支援

緊急保証制度　セーフティネット貸付の開始

── 政権交代 ──

| 2009年11月 | 「中小企業者等に対する金融の円滑化を図るための臨時措置に関する法律（中小企業金融円滑化法）」の可決成立 |

➡金融機関に対し、リスケの申し込みがあった場合にできる限り対応するよう求めるとともに、リスケへの取組状況を定期的に公表することを義務付け。

| 2009年12月 | 「金融検査マニュアル別冊（中小企業融資編）」の改訂、「中小・地域金融機関向けの総合的な監督指針」の改正 |

| 2011年3月 | 「中小企業者等に対する金融の円滑化を図るための臨時措置に関する法律の一部を改正する法律」の成立 |

── 中小企業金融円滑化法1年延長 ──

| 2011年4月 | 「中小企業者等に対する金融の円滑化を図るための臨時措置に関する法律に基づく金融監督に関する指針（コンサルティング機能の発揮にあたり金融機関が果たすべき具体的な役割）」の適用開始 |

| 2011年5月 | 「中小・地域金融機関向けの総合的な監督指針（本編）」の改正 |

| 2012年3月 | 「中小企業者等に対する金融の円滑化を図るための臨時措置に関する法律の一部を改正する法律」の成立 |

── 中小企業金融円滑化法の最終延長 ──

| 2012年4月 | 「中小企業金融円滑化法の最終延長を踏まえた中小企業の経営支援のための政策パッケージ」の公表 |

| 2012年6月 | 「中小企業の海外における商品の需要の開拓の促進等のための中小企業の新たな事業活動の促進に関する法律等の一部を改正する法律（中小企業経営力強化支援法）」の成立 |

| 2012年8月 | 「中小企業経営力強化支援法」の施行（認定支援機関制度の創設） |

── 政権交代 ──

| 2013年3月 | 「中小企業金融円滑化法の期限到来に当たって講ずる総合的な対策」
「金融検査マニュアル」の改訂、「監督指針」の改正 |

── 中小企業金融円滑化法の終了 ──

| 2013年4月 | 「平成24事務年度の監督方針及び検査基本方針」の改正 |

| 2013年6月 | 「日本再興戦略」閣議決定 |

| 2013年9月 | 「金融モニタリング基本方針」の発表 |

| 2013年12月 | 「経営者保証ガイドライン」の公表 |

| 2014年2月 | 「監督指針」の改正、「金融検査マニュアル」の改訂 |

| 2014年9月 | 「金融モニタリング基本方針（監督・検査方針）」の公表 |
➡事業性評価に基づく融資、経営者保証に関するガイドラインの活用

| 2015年9月 | 「平成27事務年度　金融行政方針」の発表 |
➡企業ヒアリングの実施、金融仲介の取組みについて評価を行うための多様なベンチマークの検討

| 2016年3月 | 「ローカルベンチマーク」の公表（経済産業省） |

| 2016年5月 | 「中小企業等経営強化法」の成立 |

| 2016年6月 | 「中小・地域金融機関向けの総合的な監督指針（本編）」の改正 |

| 2016年9月 | 「第2回金融モニタリング有識者会議資料」の公表（「当局（金融庁）の失敗」について言及）「金融仲介機能のベンチマーク」の発表 |

| 2016年10月 | 「平成28事務年度　金融行政方針」の発表 |
➡金融当局・金融行政運営の変革（検査・監督のあり方の見直し等）と、日本型金融排除の実態把握について言及

| 2017年11月 | 「平成29事務年度　金融行政方針」の発表 |
➡金融庁組織の見直し、金融仲介機能のベンチマークを発展させたさらなる見える化の促進

| 2018年4月 | 「信用保証協会法」の改正 |

| 2019年12月 | 「金融検査マニュアル」廃止 |
➡「検査マニュアル廃止後の融資に関する検査・監督の考え方と進め方」発表

2 資金使途に応じた金融支援 〜正常運転資金と設備資金の区別〜

　中小企業は、さまざまな局面で資金調達を行う必要が出てきます。資金調達を行う際に、資金使途に見合った方法で調達しなければ、かえって、資金繰りを悪化させることにもなりかねません。例えば、賞与資金を調達する場合には、次の賞与を支給する時までに返済するように資金計画を立てる必要があります。

　認定支援機関は、資金使途に見合った資金調達の方法を理解し、中小企業に助言する必要があります。

（1）正常運転資金は短期継続融資の活用を

　企業が事業を継続するためには、運転資金（不良債権や不良在庫を除いた正常運転資金）が必要となります。正常運転資金は、売上債権や在庫、仕入債務の変動に伴い、必要額に変動はありますが、企業が事業活動を継続する以上は常に必要な資金となるため、約定返済がある借入金で調達すると、資金繰りの悪化につながりかねません。したがって、正常運転資金は、元金の返済が必要ない「短期継続融資」で調達することが大原則です。

　短期継続融資とは、約定返済が無い、利払いのみの期日一括返済による短期融資のことで、一般的に手形貸付や、当座貸越により行われることが多く、期日到来時には運転資金の範囲内で書換継続していきます。

■運転資金と短期継続融資のイメージ

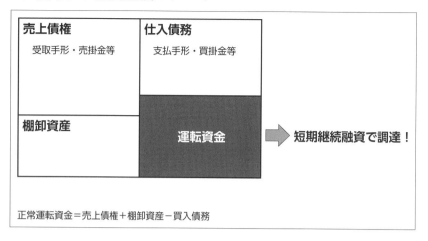

正常運転資金＝売上債権＋棚卸資産－買入債務

（2）設備資金の調達は、将来キャッシュ・フローの予測がポイント

　設備資金を調達する際には、その設備投資で生み出す将来のキャッシュ・フローの範囲内で返済できるよう資金計画を立案する必要があります。設備投資により獲得する将来のキャッシュ・フローの予測は、その設備投資による売上高、限界利益、固定費の変化を具体的に検討することにより行います。

　設備投資を目的として調達する借入金は、毎年の返済額がそのキャッシュ・フローの範囲内に収まるよう返済期間を検討します。しかしながら、返済期間がその設備投資の耐用年数（設備の使用年数）を超えるような事態になる場合には、設備投資計画そのものを見直しする必要があります。

(3) 既存借入金の見直しによる資金繰り支援

　多くの中小企業は、正常運転資金も設備資金も同じように約定返済を伴う長期借入金で調達してしまい、資金繰りを悪化させてしまっています。認定支援機関は、そのような中小企業に、資金調達の方法を指導するとともに、必要に応じ、資金の安定化に向けた借入金の見直しを助言することも必要となるでしょう。

■既存借入金の見直し事例

【A社の財務状況と借入金の現状】

売掛金	10,000,000	買掛金	5,000,000
棚卸資産	10,000,000	長期借入金	30,000,000
固定資産	20,000,000	純資産	5,000,000
合計	40,000,000	合計	40,000,000

売上高	100,000,000
税引後利益	2,000,000
減価償却	1,000,000
簡易キャッシュ・フロー	3,000,000

借入金の種類	借入総額	期間	年間返済額
証書借入	30,000,000	5年	6,000,000

　現状では、キャッシュ・フローが300万円に対して、借入金返済額が600万円となっているため、資金繰りが悪化していくことが予測される。

↓

　正常運転資金部分1,500万円（売掛金＋棚卸資産－買掛金）については、短期継続融資である当座貸越に組み換え。

【A社の借入金見直し後の財務状況と借入金】

売掛金	10,000,000	買掛金	5,000,000
棚卸資産	10,000,000	短期借入金	15,000,000
固定資産	20,000,000	長期借入金	15,000,000
		純資産	5,000,000
合計	40,000,000	合計	40,000,000

売上高	100,000,000
税引後利益	2,000,000
減価償却	1,000,000
簡易キャッシュ・フロー	3,000,000

種類	借入総額	期間	年間返済額
当座借越	15,000,000	継続更新	0
証書借入	15,000,000	5年	3,000,000

キャッシュ・フロー300万の範囲で年間返済額が返済可能

　以上のような組み換えを行うことにより、経営者を資金繰りに関する悩みから解放し、事業に専念させることができます。
　また、これらの金融機関との調整を認定支援機関が行う場合、経営改善計画策定支援事業や早期経営改善計画策定支援を活用することが考えられます。

3 経営改善支援における金融支援

　認定支援機関は、順調に事業を展開している企業にとどまらず、経営改善計画策定支援事業等を通じて、経営が悪化し、資金繰りに窮している中小企業の資金繰り支援を行う機会もあります。そのような場合、中小企業が借入金の条件変更等を取引金融機関に要請する際の支援も行うこととなるため、金融機関の考え方や、信用保証制度の仕組みについても理解しておく必要があります。

（1）金融機関調整を行う場合の留意点

　借入金の条件変更等を伴う経営改善支援を行う場合には、経営改善計画により、対象企業が企業努力により獲得する借入金返済前のキャッシュ・フロー（フリー・キャッシュ・フロー：FCF）を明確にし、そのフリー・キャッシュ・フローの範囲内に借入金の返済額を軽減するよう金融機関に要請することが一般的です。

　取引金融機関が複数ある場合には、通常、バンク・ミーティングを通じて金融機関調整を行いますが、その際には、各金融機関の負担が公平になるよう、返済計画を検討することとなります。

プロラタ返済方式（借入残高に比例した返済額の調整）による金融機関調整による公平性の確保

○条件変更前の借入金の状況

■甲社の借入金の現状

金融機関	借入金残高	残高割合	年間返済額
A銀行	25,000,000	50%	5,000,000
B銀行	15,000,000	30%	3,000,000
C信用金庫	10,000,000	20%	1,500,000
合計	50,000,000	100%	9,500,000

　経営改善計画でのFCFは年間3,000,000円。計画の下振れリスクを考慮し、FCFの80%である2,400,000円を元金返済に充てることとする。

■各行への借入金返済計画

金融機関	借入金残高	残高割合	返済計画 240万円×残高割合
A銀行	25,000,000	50%	1,200,000
B銀行	15,000,000	30%	720,000
C信用金庫	10,000,000	20%	480,000
合計	50,000,000	100%	2,400,000

（2）信用保証制度の基礎知識

　多くの中小企業は、信用保証制度を活用しています。経営改善支援における金融機関調整では、各借入金について、プロパー融資、信用保証協会付融資の区別をしておく必要があります。また、信用保証協会は、経営支援の担い手としての事業も行っており、認定支援機関は信用保証協会と連携を図る機会も多いことから、信用保証制度について理解しておく必要があります。

①責任共有制度と100%保証
　信用保証協会による信用保証は、従来、事業所の借入金を100%保証する仕組みになっていましたが、2007年に責任共有制度（金融機関が借入金の20%のリスクを負担する仕組み）が導入され、セーフティネット保証等、一部の制度が例外的に100%保証として据え置かれることとなりました。

　しかしながら、責任共有制度導入後まもなくの2008年に発生したリーマンショックへの対応策として、セーフティネット保証の対象業種を拡大したことにより、依然として100%保証による保証残高は相当残っています。金融機関調整を行う上では、信用保証協会付借入金について、保証割合に応じ、対応が変わってくることもあります。

②保証限度額
　一般保証制度の保証限度額は、1企業あたり有担保保証2億円（組合は4億円）と無担保保証8,000万円（組合も同額）を合わせた2億8,000万円（組合は4億8,000万円）となっています。また、これら一般保証に係る保証限度額とは別枠で、各種の政策目的により創設された別枠保証に係る限度額が設けられています。特に、経営改善支援においては、「経営改善サポート保証制度」が活用されています。

資料編

経営改善支援センター 一覧

(2021年7月21日現在)

センター名	所在地	電話番号
経営改善支援センター （全国本部）	東京都港区虎ノ門3-5-1 虎ノ門37森ビル8階	03-5470-1840
北海道経営改善支援センター	札幌市中央区北1条西2丁目 北海道経済センター6階	011-232-0217
青森県経営改善支援センター	青森市新町2-4-1 青森県共同ビル7階	017-723-1024
岩手県経営改善支援センター	盛岡市清水町14-17 中圭ビル104号室	019-601-5075
宮城県経営改善支援センター	仙台市青葉区二日町12-30 日本生命勾当台西ビル8階	022-722-9310
秋田県経営改善支援センター	秋田市山王2-1-40 田口ビル4階	018-896-6153
山形県経営改善支援センター	山形市城南町1-1-1 霞城セントラル13階	023-647-0674
福島県経営改善支援センター	福島県栄町10番21号 福島栄町ビル8階	024-573-2563
茨城県経営改善支援センター	水戸市城南1-2-43 NKCビル6階	029-302-7550
栃木県経営改善支援センター	宇都宮市中央3-1-4 栃木県産業会館7階	028-610-0310
群馬県経営改善支援センター	前橋市亀里町884-1 群馬産業技術センター	027-265-5064
埼玉県経営改善支援センター	さいたま市浦和区高砂3-17-15 さいたま商工会議所会館5階	048-862-3100
千葉県経営改善支援センター	千葉市中央区中央2-5-1 千葉中央ツインビル2号館13階	043-227-0251
東京都経営改善支援センター	東京都千代田区丸の内3-2-2 丸の内二重橋ビル	03-3283-7575
神奈川県経営改善支援センター	横浜市中区尾上町5-80 神奈川中小企業センタービル12階	045-633-5148
新潟県経営改善支援センター	新潟市中央区万代島5－1 万代島ビル	025-246-0093
長野県経営改善支援センター	長野市若里1-18-1 長野県工業技術総合センター	026-217-6382

センター名	所在地	電話番号
山梨県経営改善支援センター	甲府市大津町2192-8 アイメッセ山梨3階	055-244-0070
静岡県経営改善支援センター	静岡市葵区黒金町20-8 静岡商工会議所3階	054-275-1880
愛知県経営改善支援センター	名古屋市中区栄2-10-19 名古屋商工会議所ビル7階	052-228-6128
岐阜県経営改善支援センター	岐阜市神田町2-2 岐阜商工会議所ビル3階	058-214-4171
三重県経営改善支援センター	津市栄町1-891 三重県合同ビル6階	059-253-4300
富山県経営改善支援センター	富山市高田527 情報ビル	076-441-2134
石川県経営改善支援センター	金沢市鞍月2-20 石川県地場産業振興センター新館2階	076-267-4974
福井県経営改善支援センター	福井市西木田2-8-1 福井商工会議所ビル3階	0776-33-8289
滋賀県経営改善支援センター	大津市打出浜2-1 コラボしが21 5階	077-522-0500
京都府経営改善支援センター	京都市下京区四条通室町東入函谷鉾町78 京都経済センター 6階	075-353-7331
奈良県経営改善支援センター	奈良市登大路町36-2 奈良商工会議所ビル1階	0742-24-7034
大阪府経営改善支援センター	大阪市中央区本町橋2-8 大阪商工会議所5階	06-6944-6481
兵庫県経営改善支援センター	神戸市中央区港島中町6-1 神戸商工会議所会館8階	078-303-5856
和歌山県経営改善支援センター	和歌山市西汀丁36 和歌山商工会議所2階	073-402-7788
鳥取県経営改善支援センター	鳥取市若葉台南7-5-1 鳥取県産業振興機構	0857-33-0197
島根県経営改善支援センター	松江市母衣町55-4 松江商工会議所ビル6階	0852-23-0867
岡山県経営改善支援センター	岡山市北区芳賀5301 テクノサポート岡山4階	086-286-9704
広島県経営改善支援センター	広島市中区基町5-44 広島商工会議所ビル5階	082-228-3006

資料編

センター名	所在地	電話番号
山口県経営改善支援センター	山口市小郡令和1丁目1-1 山口市産業交流拠点施設2階	083-902-5651
徳島県経営改善支援センター	徳島市南末広町5-8-8 徳島経済産業会館（KIZUNAプラザ）3階	088-679-4090
香川県経営改善支援センター	高松市番町2-2-2 高松商工会議所会館3階	087-813-2336
愛媛県経営改善支援センター	松山市久米窪田町337-1 テクノプラザ愛媛304号室	089-970-5771
高知県経営改善支援センター	高知市堺町2-26 高知中央ビジネススクエア5階	088-823-7933
福岡県経営改善支援センター	福岡市博多区博多駅前2-9-28 福岡商工会議所ビル7階	092-441-1234
佐賀県経営改善支援センター	佐賀市白山2-1-12 佐賀商工ビル4階	0952-24-3864
長崎県経営改善支援センター	長崎市桜町4-1 長崎商工会館3階	095-895-7300
熊本県経営改善支援センター	熊本市中央区横紺屋町10 熊本商工会議所ビル3階	096-356-0020
大分県経営改善支援センター	大分市金池町3-1-64 大分県中小企業会館5階	097-574-6805
宮崎県経営改善支援センター	宮崎市錦町1-10 宮崎グリーンスフィア壱番館（KITENビル）7階	0985-33-9115
鹿児島県経営改善支援センター	鹿児島市東千石町1-38 鹿児島商工会議所ビル8階	099-225-9123
沖縄県経営改善支援センター	那覇市久茂地1丁目7番1号 琉球リース総合ビル5階	098-867-6760
中小機構北海道本部	札幌市中央区北2条西1-1-7 ORE札幌ビル6階	011-210-7471
中小機構東北本部	仙台市青葉区一番町4-6-1 仙台第一生命タワービル6階	022-716-1751
中小機構関東本部	東京都港区虎ノ門3-5-1 虎ノ門37森ビル3階	03-5470-1620
中小機構北陸本部	金沢市広岡3-1-1 金沢パークビル10階	076-223-5546
中小機構中部本部	名古屋市中区錦2-2-13 名古屋センタービル4階	052-220-0516

センター名	所在地	電話番号
中小機構近畿本部	大阪市中央区安土町2-3-13 大阪国際ビルディング27階	06-6264-8613
中小機構中国本部	広島市中区八丁堀5-7 広島KSビル3階	082-502-6555
中小機構四国本部	高松市サンポート2-1 高松シンボルタワー タワー棟7階	087-811-1752
中小機構九州本部	福岡市博多区祇園町4-2 サムティ博多祇園BLDG.	092-263-0300
中小機構沖縄事務所	那覇市字小禄1831-1 沖縄産業支援センター313-1	098-859-7566

資料編

早期経営改善計画策定支援の利用申請から支払決定までの流れ

1. 利用申請

| 中小企業・小規模事業者 | 認定支援機関(外部専門家等) |

- 中小企業・小規模事業者は、認定支援機関たる専門家(以下、外部専門家)と連名で「経営改善支援センター事業利用申請書(早期経営改善計画)」を、経営改善支援センターに提出するとともに、金融機関から事前相談書を入手し同センターに提出します。
- 金融機関(メイン行又は準メイン行)(以下、金融機関)が、認定支援機関として当該計画の策定への関与を希望する場合は、申請に連名で加わることも可能です。

※これまでに、経営改善支援センターを利用した経営改善計画を策定(実施中の場合も含む)、または中小企業再生支援事業を利用した事業再生計画を策定(実施中の場合も含む)した中小企業・小規模事業者は対象となりません。

| 経営改善支援センター |

- 経営改善支援センターにおいて申請書の内容を確認します。
  【添付書類】 「中小企業・小規模事業者の概要」「業務別見積明細書」等について確認の上、受け付けます。
- 経営改善支援センター事業において費用負担することが適切と判断した場合は、その旨を外部専門家に通知します。

2. 計画策定支援・提出

| 中小企業・小規模事業者 | 認定支援機関(外部専門家等) |

- 外部専門家は、中小企業者等の早期経営改善計画を策定し、申請者はその計画を金融機関に提出します。

3. 支払申請及び支払決定

┌─────────────────────┬──────────────────────┐
│ 中小企業・小規模事業者 │ 認定支援機関(外部専門家等) │
└─────────────────────┴──────────────────────┘

●中小企業・小規模事業者は、外部専門家等と連名で「経営改善支援センター事業費用支払申請書(早期経営改善計画)」を経営改善支援センターに提出します。**金融機関に早期経営改善計画を提出したことを確認できる書面**(金融機関の受取書等(普段の業務で使用しているもので可))を添付しなければなりません。

┌──────────────────────┐
│ 経営改善支援センター │
└──────────────────────┘

●経営改善支援センターでは、早期経営改善計画及び支払申請書の内容を確認します。
　【添付書類】　「業務別請求明細書」「従事時間管理表」「中小企業・小規模事業者からの支払を示す振込受付書・払込取扱票等」

●経営改善支援センターは、支払申請の結果及び支払決定額、支払予定日について、外部専門家に通知し、早期経営改善計画策定支援に係る費用の3分の2を上限(計画策定に係る補助上限額　20万円)として支出します。

4. モニタリング

┌──────────────────────┐
│ 認定支援機関(外部専門家等) │
└──────────────────────┘

●外部専門家は、経営改善計画の記載に基づき、中小企業・小規模事業者のモニタリングを実施して、経営改善支援センターに対し、「モニタリング費用支払申請書(早期経営改善計画)」、「モニタリング報告書」を提出する。

┌──────────────────────┐
│ 経営改善支援センター │
└──────────────────────┘

●経営改善支援センターでは、モニタリング報告書及び支払申請書の内容を確認します。
　【添付書類】　「業務別請求明細書」「従事時間管理表」「中小企業・小規模事業者からの支払を示す振込受付書・払込取扱票等」

●経営改善支援センターは、支払申請の結果及び支払決定額、支払予定日について、外部専門家に通知し、モニタリング費用の3分の2(モニタリングに係る補助上限額　5万円)を上限として支出します。

（注意）補助上限額は計画策定費用とモニタリング費用あわせて20万円です。計画策定費用で20万円の補助を受けた場合は、モニタリング費用の補助を受けることはできません。

資料編

経営改善計画策定支援事業の利用申請から支払決定までの流れ

1. 利用申請

中小企業・小規模事業者	認定支援機関 （主要金融機関・外部専門家等）

●中小企業・小規模事業者は、経営改善計画策定支援を実施する認定支援機関と連名で、「経営改善支援センター事業利用申請書」を、経営改善支援センターに提出します。

●認定支援機関に主要金融機関（メイン行又は準メイン行）が含まれない場合は、事業者または認定支援機関が、主要金融機関が経営改善計画策定支援について協力することの確認書面を取得し、経営改善支援センターに提出します。

経営改善支援センター

●経営改善支援センターにおいて申請書の内容を確認します。
【添付書類】　「中小企業・小規模事業者の概要及び履歴事項全部証明書」「業務別見積明細書」等について確認の上、受け付けます。

●経営改善支援センター事業において費用負担することが適切と判断した場合は、その旨を代表認定支援機関に通知します。

2. 計画策定支援・合意形成

認定支援機関
（主要金融機関・外部専門家等）

●認定支援機関は、中小企業・小規模事業者の経営改善計画書策定・合意形成に向けた支援を実施します。

3. 支払申請及び支払決定

中小企業・小規模事業者	認定支援機関 (主要金融機関・外部専門家等)

●中小企業・小規模事業者は、計画について金融機関との合意成立後、認定支援機関と連名で「経営改善支援センター事業費用支払申請書」を経営改善支援センターに提出します。

経営改善支援センター

●経営改善支援センターでは、経営改善計画及び支払申請書の内容を確認します。
　【添付書類】　「業務別請求明細書」「中小企業・小規模事業者からの
　　　　　　　　支払を示す振込受付書、払込取扱票等」

●経営改善支援センターは、支払申請の結果及び支払決定額、支払予定日について、代表認定支援機関に通知し、経営改善計画策定支援に係る費用(モニタリング費用含む)の3分の2(200万円)を上限として支出します。

4. モニタリング

認定支援機関
(主要金融機関・外部専門家等)

●認定支援機関は、経営改善計画の記載に基づき、中小企業・小規模事業者のモニタリングを実施して、経営改善支援センターに対し報告するとともに、「モニタリング費用支払申請書」を提出します。

経営改善支援センター

●経営改善支援センターでは、モニタリング報告書及び支払申請書の内容を確認します。
　【添付書類】　「業務別請求明細書」「中小企業・小規模事業者からの
　　　　　　　　支払を示す振込受付書、払込取扱票等」

●経営改善支援センターは、支払申請の結果及び支払決定額、支払予定日について、代表認定支援機関に通知し、モニタリング費用(計画策定費用等含む、消費税込み)の3分の2(200万円)を上限として支出します。

資料編

別紙②－1

SAMPLE

※本事業の計画要件を満たしていれば、本資料の様式に沿って、作成する必要はありません。

事業計画書

株式会社 ヴォーノ
代表取締役　計画太郎

令和3年●月●日

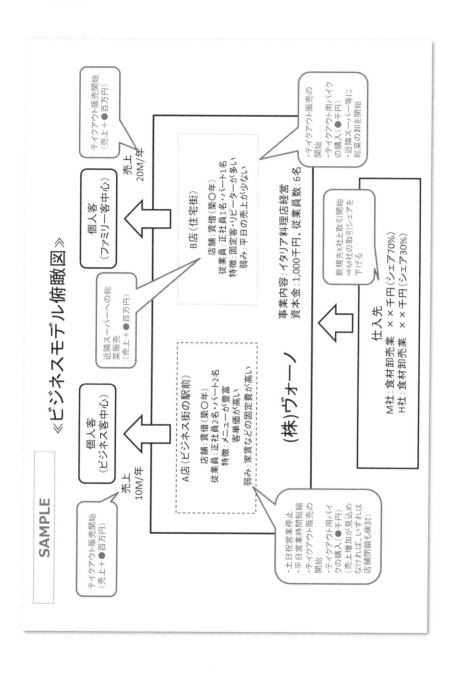

SAMPLE

≪業績及び

業績見通し（税込）

区　分	変動費は○	直近期	R2年3月	R2年4月	R2年5月	R2年6月	R2年7月	R2年8月	R2年9月	R2年10月	R2年11月	R2年12月	R3年1月	R3年2月	R3年3月
①売上高	○	48,000	4,000	4,000	4,000	4,000	4,000	4,000	4,000	4,000	4,000	4,000	4,000	4,000	4,000
②売上原価		36,600	3,350	3,350	3,350	3,350	3,350	3,350	3,350	3,350	3,350	3,350	3,350	3,350	3,350
うち仕入れ額	○	18,000	2,100	2,100	2,100	2,100	2,100	2,100	2,100	2,100	2,100	2,100	2,100	2,100	2,100
うち外注費	○	15,600	1,000	1,000	1,000	1,000	1,000	1,000	1,000	1,000	1,000	1,000	1,000	1,000	1,000
うち減価償却額 a		3,000	250	250	250	250	250	250	250	250	250	250	250	250	250
③売上総利益　①－②		11,400	650	650	650	650	650	650	650	650	650	650	650	650	650
④販売費・一般管理費		12,600	1,050	1,050	1,050	1,050	1,050	1,050	1,050	1,050	1,050	1,050	1,050	1,050	1,050
人件費		3,000	250	250	250	250	250	250	250	250	250	250	250	250	250
水道光熱費	○	600	50	50	50	50	50	50	50	50	50	50	50	50	50
旅費交通費	○	600	50	50	50	50	50	50	50	50	50	50	50	50	50
接待交際費	○	1,200	100	100	100	100	100	100	100	100	100	100	100	100	100
通信費		1,200	100	100	100	100	100	100	100	100	100	100	100	100	100
賃借料		3,600	300	300	300	300	300	300	300	300	300	300	300	300	300
減価償却費 b		600	50	50	50	50	50	50	50	50	50	50	50	50	50
その他販売費		1,800	150	150	150	150	150	150	150	150	150	150	150	150	150
⑤営業利益　③－④		-1,200	-400	-400	-400	-400	-400	-400	-400	-400	-400	-400	-400	-400	-400
⑥営業外収益		0	0	0	0	0	0	0	0	0	0	0	0	0	0
⑦営業外費用		300	25	25	25	25	25	25	25	25	25	25	25	25	25
支払利息		300	25	25	25	25	25	25	25	25	25	25	25	25	25
その他		0	0	0	0	0	0	0	0	0	0	0	0	0	0
⑧経常利益　⑤＋⑥－⑦		-1,500	-425	-425	-425	-425	-425	-425	-425	-425	-425	-425	-425	-425	-425
⑨特別利益		0	0	0	0	0	0	0	0	0	0	0	0	0	0
⑩特別損失		0	0	0	0	0	0	0	0	0	0	0	0	0	0
⑪税引前当期利益　⑧＋⑨－⑩		-1,500	-425	-425	-425	-425	-425	-425	-425	-425	-425	-425	-425	-425	-425
⑫法人税等		70	0	0	0	0	0	0	0	0	0	0	0	70	0
⑬当期利益　⑪－⑫		-1,570	-425	-425	-425	-425	-425	-425	-425	-425	-425	-425	-425	-495	-425
簡易CF　⑬＋減価償却 a, b－⑫		2,030	-125	-125	-125	-125	-125	-125	-125	-125	-125	-125	-125	-195	-125

資金繰りの実績及び予定（税込）

区　分	直近期	R2年3月	R2年4月	R2年5月	R2年6月	R2年7月	R2年8月	R2年9月	R2年10月	R2年11月	R2年12月	R3年1月	R3年2月	R3年3月
①経常収入		4,000	4,000	4,000	4,000	4,000	4,000	4,000	4,000	4,000	4,000	4,000	4,000	4,000
売上金収入（現金）		1,600	1,600	1,600	1,600	1,600	1,600	1,600	1,600	1,600	1,600	1,600	1,600	1,600
売掛金回収		1,200	1,200	1,200	1,200	1,200	1,200	1,200	1,200	1,200	1,200	1,200	1,200	1,200
手形回収		1,200	1,200	1,200	1,200	1,200	1,200	1,200	1,200	1,200	1,200	1,200	1,200	1,200
その他収入														
②経常支出		3,200	3,200	3,200	3,200	3,200	3,200	3,200	3,200	3,200	3,200	3,200	3,200	3,175
現金仕入支払		1,470	1,470	1,470	1,470	1,470	1,470	1,470	1,470	1,470	1,470	1,470	1,470	1,470
買掛金支払		630	630	630	630	630	630	630	630	630	630	630	630	630
人件費	3,000	250	250	250	250	250	250	250	250	250	250	250	250	250
水道光熱費	600	50	50	50	50	50	50	50	50	50	50	50	50	50
旅費交通費	600	50	50	50	50	50	50	50	50	50	50	50	50	50
接待交際費	1,200	100	100	100	100	100	100	100	100	100	100	100	100	100
通信費	1,200	100	100	100	100	100	100	100	100	100	100	100	100	100
賃借料	3,600	300	300	300	300	300	300	300	300	300	300	300	300	300
支払利息	300	50	50	50	50	50	50	50	50	50	50	50	50	25
税金・社会保険料	600	50	50	50	50	50	50	50	50	50	50	50	50	50
その他販売費	1,800	150	150	150	150	150	150	150	150	150	150	150	150	150
③経常収支　①－②		800	800	800	800	800	800	800	800	800	800	800	800	825
④経常外収入		0	0	0	0	0	0	0	0	0	0	0	0	0
⑤経常外支出		0	0	0	0	0	0	0	0	0	0	0	0	0
⑥差　引　③＋④－⑤		800	800	800	800	800	800	800	800	800	800	800	800	825
⑦借入金調達	0	0	0	0	0	0	0	0	0	0	0	0	0	0
▲▲銀行	0	0	0	0	0	0	0	0	0	0	0	0	0	0
○○銀行	0	0	0	0	0	0	0	0	0	0	0	0	0	0
⑧その他資金調達（役員借入・預金満期等）	0	0	0	0	0	0	0	0	0	0	0	0	0	0
⑨借入金返済	1,200	250	250	250	250	250	250	250	250	250	250	250	250	250
▲▲銀行	1,800	150	150	150	150	150	150	150	150	150	150	150	150	150
○○銀行	1,200	100	100	100	100	100	100	100	100	100	100	100	100	100
⑩設備投資支出														
差引　⑥＋⑦＋⑧－⑨－⑩		550	550	550	550	550	550	550	550	550	550	550	550	575
⑪月初資金有高		5,000	5,550	6,100	6,650	7,200	7,750	8,300	8,850	9,400	9,950	10,500	11,050	11,600
⑫月末資金有高　⑨＋⑩	5,000	5,550	6,100	6,650	7,200	7,750	8,300	8,850	9,400	9,950	10,500	11,050	11,600	12,175
金融機関借入残高	20,000	19,750	19,500	19,250	19,000	18,750	18,500	18,250	18,000	17,750	17,500	17,250	18,500	18,250

資金計画表 ≫

ストレス値　50%

見通し

R3年4月	R3年5月	R3年6月	R3年7月	R3年8月	R3年9月	R3年10月	R3年11月	R3年12月	R4年1月	R4年2月	年間見通し（進行期）	年間見通し（ストレス値）	1期	2期	備考
2,000	6,000	6,000	5,000	5,000	5,000	5,000	5,000	5,000	5,000	6,000	59,000	29,500	60,000	60,000	
2,450	4,250	4,250	3,750	3,750	3,750	3,750	3,750	3,750	3,750	3,750	44,300	23,650	45,000	45,000	
1,200	3,000	3,000	2,500	2,500	2,500	2,500	2,500	2,500	2,500	2,500	29,300	14,650	30,000	30,000	
1,000	1,000	1,000	1,000	1,000	1,000	1,000	1,000	1,000	1,000	1,000	12,000	6,000	12,000	12,000	
250	250	250	250	250	250	250	250	250	250	250	3,000	3,000	3,000	3,000	
-450	1,750	1,750	1,250	1,250	1,250	1,250	1,250	1,250	1,250	2,250	14,700	5,850	15,000	15,000	
1,050	1,150	1,150	1,050	1,050	1,150	1,150	1,150	1,150	1,150	1,150	13,400	11,800	13,600	13,600	
250	250	250	250	250	250	250	250	250	250	250	3,000	3,000	3,000	3,000	
50	75	75	75	50	75	75	75	75	75	75	800	400	900	900	
50	75	75	50	50	75	75	75	75	75	75	800	400	900	900	
100	150	150	100	100	150	150	150	150	150	150	1,600	800	1,800	1,800	
100	100	100	100	100	100	100	100	100	100	100	1,200	1,200	1,200	1,200	
300	300	300	300	300	300	300	300	300	300	300	3,600	3,600	3,600	3,600	
50	50	50	50	50	50	50	50	50	50	50	600	600	600	600	
150	150	150	150	150	150	150	150	150	150	150	1,800	1,800	1,800	1,800	
-1,500	600	600	200	200	100	100	100	100	100	1,100	1,300	-5,950	1,200	1,200	
0	0	0	0	0	0	0	0	0	0	0	0	0	0	0	
25	25	25	25	25	25	25	25	25	25	25	300	300	300	300	
25	25	25	25	25	25	25	25	25	25	25	300	300	300	300	
0	0	0	0	0	0	0	0	0	0	0	0	0	0	0	
-1,525	575	575	175	175	75	75	75	75	75	1,075	1,000	-6,250	900	900	
0	0	0	0	0	0	0	0	0	0	0	0	0	0	0	
0	0	0	0	0	0	0	0	0	0	0	0	0	0	0	
-1,525	575	575	175	175	75	75	75	75	75	1,075	1,000	-6,250	900	900	
0	0	0	0	0	0	0	0	0	0	70	70	70	70	70	
-1,525	575	575	175	175	75	75	75	75	75	1,005	1,000	-6,320	830	830	
-1,225	875	875	475	475	375	375	375	375	375	1,305	4,530	-2,720	4,430	4,430	

予定

R3年4月	R3年5月	R3年6月	R3年7月	R3年8月	R3年9月	R3年10月	R3年11月	R3年12月	R4年1月	R4年2月	備考
3,200	4,800	4,200	4,400	5,600	5,300	5,000	5,000	5,000	5,000	5,400	
800	2,400	2,400	2,000	2,000	2,000	2,000	2,000	2,000	2,000	2,400	
1,200	1,200	600	1,800	1,800	1,500	1,500	1,500	1,500	1,500	1,500	
1,200	1,200	1,200	600	1,800	1,800	1,500	1,500	1,500	1,500	1,500	
2,545	3,635	4,175	3,725	3,575	3,675	3,675	3,675	3,675	3,675	3,675	
840	2,100	2,100	1,750	1,750	1,750	1,750	1,750	1,750	1,750	1,750	
630	360	900	900	750	750	750	750	750	750	750	
250	250	250	250	250	250	250	250	250	250	250	
50	75	75	50	50	75	75	75	75	75	75	
50	75	75	50	50	75	75	75	75	75	75	
100	150	150	100	100	150	150	150	150	150	150	
100	100	100	100	100	100	100	100	100	100	100	
300	300	300	300	300	300	300	300	300	300	300	
25	25	25	25	25	25	25	25	25	25	25	
50	50	50	50	50	50	50	50	50	50	50	
150	150	150	150	150	150	150	150	150	150	150	
655	1,165	25	675	2,025	1,625	1,325	1,325	1,325	1,325	1,725	
0	0	0	0	0	0	0	0	0	0	0	
655	1,165	25	675	2,025	1,625	1,325	1,325	1,325	1,325	1,725	
0	0	0	0	0	0	0	0	0	0	0	
0	0	0	0	0	0	0	0	0	0	0	
0	0	0	0	0	0	0	0	0	0	0	
250	250	250	250	250	250	250	250	250	250	250	
150	150	150	150	150	150	150	150	160	150	150	
100	100	100	100	100	100	100	100	100	100	100	
405	915		425	1,775	1,375	1,075	1,075	1,075	1,075	1,475	
12,175	12,580	13,495	13,270	13,695	15,470	16,845	17,920	18,995	20,070	21,145	
12,580	13,495	13,270	13,695	15,470	16,845	17,920	18,995	20,070	21,145	22,620	
18,000	17,750	17,500	17,250	17,000	16,750	16,500	16,250	16,000	15,750	15,500	

資料編

SAMPLE

《アクションプラン》

	主な経営課題
1	店舗毎の客層を把握しておらず、幅広い顧客に対応するための材料を多く仕入れているが廃棄食材も多い
2	料理毎の原価を把握しておらず、利益率などを意識した経営が出来ていない
3	資金不足になると安易に運転資金を調達し、販管費などの見直しが出来ていない

	主要課題に対する アクションプランの具体的な内容	実施時期	主担当	計画0期目	計画1期目以降
①	●両店でどのようなお客様が来店しているかを調べて実態を把握する ●把握した客層を踏まえたメニューを設定して売り上げ増加につなげる。	今期中	店長 認定支援機関	±0	売上＋1%
②	●料理ごとに原価を把握する。 ●利益率を勘案して今日のおすすめ料理を設定する。	①の結果を踏まえ速やかに着手	料理長 認定支援機関	±0	原価率▲1%
③	●共通費なども考慮した店舗別の損益を把握する。 ●両店を比較し、販管費の削減につなげる。 ●社長以外にもこれらについて検討できるよう、後継者についても検討していく	・当期中に着手 ・来期中に目処	社長 店長 認定支援機関	±0	販管費▲0.5M

別紙①

令和　年　月　日

記 入 例 　経営改善支援センター事業（早期経営改善計画策定支援事業）利用申請書

1. 申請者（中小企業・小規模事業者）

申請者名	●▲株式会社 [印]	業種	卸売	担当者	代表取締役 経営 太郎
住所	〒○○○-○○○○　東京都世田谷区丸の内×××			電話番号	03-×××-××××

> 担当者欄には案件を担当する士業等専門家の名前を書いてください。
> 事務的な連絡担当者がある場合は下段にお書きください。

2. 認定支援機関たる専門家

認定支援機関名	Y会計税理士法人 [印]	業種	税理士法人	担当者	Y田 Y子
住所	〒○○○-○○○○　東京都世田谷区丸の内×××	認定支援機関ID	× × × × × × × × × × × ×	電話番号	03-×××-××××

3. 認定支援機関たる金融機関（メイン行又は準メイン行）

認定支援機関名		[印]	支店名			
住所			認定支援機関ID			

> 認定支援機関IDは、認定支援機関ごとに付与されている12桁の番号を記入してください。
> 認定支援機関の一覧及びID番号については、下記ホームページをご参照ください。
> https://www.chusho.meti.go.jp/keiei/kakushin/nintei/

※金融機関が認定支援機関として計画策定に関与する場合には連名で申請できます。

4. スケジュール（上記2が実施する業務について）及び外部専門家に支払う費用見積額（税込）

業務内容	業務開始日（目処）	業務完了日（目処）	費用見積額（税込）
早期経営改善計画の策定	令和2年×月×日	令和2年×月□日	総額　　　　　　　290,520円 （うち事業者支払予定額　　96,840円） （うち経営改善支援センター支払予定額　193,680円）
モニタリング（計画策定後1年を経過した決算時）	令和3年○月○日	令和3年○月○日	

5. 申請者及び各認定支援機関の適格要件の宣誓

> 該当項目全てにチェックしてください。

申請者及び認定支援機関は、以下の全ての項目を宣誓し、利用申請を行います。（該当項目全てにチェック）

☑ 申請者は、誠実であり、その財産状況や収支状況（負債の状況を含む。）を早期経営改善計画策定支援において適正に開示すること。

☑ 申請者は、これまでに中小企業再生支援事業又は経営改善計画策定支援若しくは早期経営改善計画策定支援を利用したことがないこと（申請日時点において利用中の場合を含む。）。

☑ 申請者は、早期経営改善計画策定を行った場合に、金融機関に提出すること。

☑ 申請者は経営改善計画策定支援において、経営改善に取り組むこと。認定支援機関は申請者の経営改善に対する取組への支援を適切に行うこと。

☑ 申請者及び認定支援機関は、経営改善支援センターと（独）中小企業基盤整備機構（中小企業再生支援全国本部）等から費用支払や業務内容等について合理性等を問われた場合には、誠意をもって対応すること。

☑ 申請者及び認定支援機関は、計画策定後1年を経過した最初の決算時にモニタリングに取り組み、その実施状況について金融機関と共有し、経営改善支援センターに報告すること。

☑ 申請者及び認定支援機関は、反社会的勢力ではなく、そのおそれもないこと。

☑ 申請者および認定支援機関は、本事業の利用・活用にあたっては、7. 留意事項について十分注意し、理解したうえで取り組むこと。

☑ 宣誓事項に違反した場合や、不正利用が判明した場合には、経営改善センターが費用負担した金額の返還等を行うこと。

6. 情報の取り扱い

申請者及び認定支援機関は、本事業に関する申請者の情報が商工会議所等が実施する中小企業再生支援事業の支援業務部門及び中小企業再生支援全国本部、経済産業省等に開示され、申請者の個社名の特定に繋がらない形式で、利用実績がホームページ等で公表されることにつき、同意いたします。

7. 留意事項

1. 計画の内容
   早期経営改善計画の策定・実行は、外部専門家等の支援を受けつつ申請者が自らの責任において行うものであり、経営改善支援センターは、策定された早期経営改善計画の内容の妥当性・衡平性や実現可能性等について一切保証するものではなく、また、その内容について責任を負うものではありません。
2. 金融機関への提出
   策定された早期経営改善計画の金融機関への提出は、申請者が自らの責任において行うものであり、経営改善支援センターはその内容について一切保証するものではなく、また、その適切性・妥当性について一切の責任を負うものではありません。
   さらに、金融機関及び経営改善支援センターは早期経営改善計画の提出をもって将来の金融支援を約束又は保証するものではありません。
3. 不正利用
   万一、申請者または各認定支援機関が当該センター事業を不正に利用したことが発覚した場合、申請者または各認定支援機関は自らの責任において必要な対応を行うものとし、そのような事態が生じた場合、経営改善支援センターは、申請者または各認定支援機関の不正利用に関して何ら責任を負うものではありません。
4. 支払
   策定された早期経営改善計画について、金融機関に提出しなかった場合や支払申請にかかる必要書類などに不備・不適切な事項等が発覚した場合、経営改善支援センター、（独）中小企業基盤整備機構もしくは経済産業省の判断により、申請金額が支払われない場合があります。
5. 自動失効
   早期経営改善計画策定の利用申請は、申請が受理された日から1年で失効とします。

8. その他

149

別紙①－1

記　入　例	申請者の概要（早期経営改善計画策定支援）

①概要

事業者名	●▲株式会社　代表取締役　経営太郎					
連絡先	03-××××-××××	住所	東京都世田谷区丸の内×××			
業種	卸売	設立年月日	1998年×月×日	年商	95	百万円
事業内容	衣料品卸	代表者氏名	経営太郎	年齢	50	歳
資本金	10　百万円	従業員数（うちパート人員数）	5名（うちパート2名）			
事業の沿革	平成10年開業、海外ブランドの衣料品卸で売上拡大					

	名前	株数	関係		名前	役職
株主構成	経営太郎	10,000	代表者	役員構成	経営太郎	代表取締役
	経営花子	5,000	代表者の妻		経営花子	取締役
	●●●子他3名	5,000	役員		●●　●子	取締役
	計	20,000			▲▲　▲夫	監査役

②業績推移
（単位：千円）

	28年9月期（実績）	29年9月期（実績）	30年9月期（実績）
売上高	100,000	110,000	95,000
営業利益	2,000	2,500	△2,000
経常利益	750	900	△3,500
当期利益	500	600	△3,500
減価償却	300	300	300

③銀行取引の状況
（単位：千円）

金融機関名	30年9月期（実績）	シェア	保全額
A信用金庫	20,000	67%	
A信用金庫（保証協会）	(16,000)	(53%)	
B銀行	10,000	33%	
B銀行（保証協会）	(8,000)	(26%)	
合計			

④経営改善計画等の策定状況等（YESかNOに○をつけてください）

申請者は、過去に早期経営改善計画策定支援を利用したことがある。	YES ／ NO
申請者は、過去に経営改善計画策定支援を利用したことがある（申請日時点において利用中の場合を含む。）。	YES ／ NO
申請者は、過去に中小企業再生支援事業を利用したことがある（申請日時点において利用中の場合を含む。）。	YES ／ NO

※全てNOの方が申請対象となります

（注）　②～③については、外部専門家が記入することが望ましい。

資料5-1 早期経営改善計画策定支援の利用申請書等③

記 入 例

別紙①－2

業務別見積明細書（早期経営改善計画策定支援）

> 各業務の従事時間、従事者ごとの単価等を記入

> 税込金額で記入すること

○早期経営改善計画策定支援

	時間数・単価等	従事時間	合計金額（税込）
ヒアリング		7.5	60,500
統括責任者	2回×2.5時間×8,800円	5	44,000
統括責任者補助者	1回×2.5時間×6,600円	2.5	16,500
その他	回× 時間× 円		
計画作成		20	165,000
統括責任者	15時間×8,800円	15	132,000
統括責任者補助者	5時間×6,600円	5	33,000
その他	時間× 円		
費用総額			225,500 （うち消費税10%、 20,500円）
支払申請金額（予定）	費用総額の2／3		150,333円

○モニタリング

	時間数・単価等	従事時間	合計金額（税込）
モニタリング	8時間×8,800円	8	70,400
費用総額			70,400 （うち消費税10%、 6,400円）
モニタリング費用 支払申請金額（予定）	費用総額の2／3		46,933円

※実施された早期経営改善計画策定支援の内容は、経営改善支援センターが確認手続を行った後、早期経営改善計画策定支援に伴い生じた費用（モニタリング費用を含む）の2/3（上限20万円）を負担します。

※本明細書は、あくまでもサンプルであり、作業単価は外部専門家の専門性及び地域性によって異なることを想定しています。

資料編

別紙②

記 入 例	経営改善支援センター事業（早期経営改善計画策定支援）費用支払申請書

平成　年　月　日

「費用支払申請書」は、証拠書類等が全てそろった後で、日付を記入して申請すること。

1. 申請者（中小企業・小規模事業者）

申請者名	●▲株式会社	印	業種	卸売	担当者	代表取締役　経営太郎
住所	〒○○○-○○○○　東京都世田谷区丸の内××××		電話番号	03-××××-××××	電話番号	

2. 認定支援機関たる専門家

認定機関名	Y会計税理士法人	印	業種	税理士法人	担当者	Y田 Y子
住所	〒○○○-○○○○　東京都世田谷区丸の内××××		認定支援機関ID	××××××××××××	電話番号	03-××××-××××
金融機関	●■	銀行・信用金庫・信用組合・郵便局		支店名	▲■	支店
口座番号	当座・普通・その他（　　）口座番号 ×××××			口座名義	Y会計税理士法人	

口座番号等は支払がある場合のみ記入

認定支援機関IDは、認定支援機関ごとに付与されている12桁の番号を記入してください。
認定支援機関の一覧及びID番号については、下記ホームページをご参照ください。
https://www.chusho.meti.go.jp/keiei/kakushin/nintei/

3. （添付）

	費用実額（税込・円）
早期経営改善計画策定支援に	211,680円

※ 経営改善支援センターからの費用支払額は、対象費用の実額合計の3分の2以内となります。

早期経営改善計画策定費用総額（3／3）を記入します。

4. モニタリング予定

実施予定日	平成30年○月○日

5. 情報の取り扱い

申請者及び認定支援機関は、本事業に関する申請者の情報が商工会議所等が実施する中小企業再生支援事業の支援業務部門及び中小企業再生支援全国本部、経済産業省に開示され、申請者の個社名の特定に繋がらない形式で、利用実績がホームページ等で公表されることにつき、同意いたします。

6. その他

チェックリスト

添付漏れや記載漏れがないか確認します。

No	外部専門家確認欄	確認欄	チェック内容
1	☑	☐	申請者と外部専門家による必要事項の記載及び押印があるか
2	☑	☐	申請者と外部専門家の連名となっているか
3	☑	☐	記入・添付書類漏れがないか
	☑	☐	①早期経営改善計画書
	☑	☐	②業務別請求明細書（早期経営改善計画策定支援）
	☑	☐	③従業時間管理表（業務日誌）（早期経営改善計画策定支援）
	☑	☐	④外部専門家の請求書類（支援センター宛）の原本
	☑	☐	⑤申請者及び外部専門家が締結する早期経営改善計画策定支援に係る契約書の写し
	☑	☐	⑥申請者による費用負担額（1／3）の支払を示す振込受付書・払込取扱票等の写し
	☑	☐	⑦早期経営改善計画を金融機関へ提出したことが確認できる書類

記 入 例

別紙②－2

業務別請求明細書（早期経営改善計画策定支援）

> 申請者名及び業務を実施した認定支援機関名を記入してください。

申請者名　<u>●▲株式会社（Ｙ会計税理士法人）</u>

> 各業務の従事時間、従事者ごとの単価等を記入

> 税込金額で記入すること

○早期経営改善計画策定支援

	時間数・単価等	従事時間	合計金額（税込）
ヒアリング		6.5	51,840
統括責任者	4.5 時間×8,640 円	4.5	38,880
統括責任者補助者	2 時間×6,480 円	2	12,960
その他	時間×　円		
計画作成		20	159,840
統括責任者	14 時間×8,640 円	14	120,960
統括責任者補助者	6 時間×6,480 円	6	38,880
その他	時間×　円		
費用総額			211,680（うち消費税 8%、15,680 円）
支払申請金額	費用総額の2／3		141,120

○モニタリング（予定）

	時間数・単価等	従事時間	合計金額（税込）
モニタリング	8 時間×8,640 円	8	69,120
費用総額			69,120（うち消費税 8%、5,120 円）
モニタリング費用支払申請金額（予定）	費用金額の2／3		46,080

※実施された早期経営改善計画策定支援の内容は、経営改善支援センターが確認手続を行った後、早期経営改善計画策定支援に伴い生じた費用（モニタリング費用を含む）の2/3（上限 20 万円）を負担します。

※本明細書は、あくまでもサンプルであり、作業単価は外部専門家の専門性及び地域性によって、異なることを想定しています

資料編

別紙②－3

記 入 例

<記入に際しての留意事項>
1. 支払対象は早期改善計画策定支援委係る業務の委嘱に承諾した日以降に発生した作業が対象です。
2. 従事時間は30分単位で申請してください。30分単位に満たない場合は切捨てとなります。

[1／1]枚

従事時間管理表（業務日誌）（早期経営改善計画策定支援）

従事時間の報告は一枚につき一人としてください。
また、従事者、業務管理者の押印が必要となります。

本書類の枚数／総枚数を記入

申請者名： ●▲株式会社

認定支援機関名： Y会計税理士法人

認定支援機関の属性および
括弧内に従事者の属性を記載してください

・従事者
　氏名： Y田　Y子　　　　　印

・業務管理者
　氏名： Y田　Y子　　　　　印

属性： 税理士法人（税理士）

税込金額を入力ください

業務単価： ¥8,640 （円／時間）

「時間数」を『時間単位』で数値化

日付	時間					計算時間	場所	業務区分	具体的な業務内容
	始	昼食開始	昼食終了	終	時間数				
6/3	13:00			15:00	2:00	2.0	●▲(株)	ヒアリング	経営者に対するヒアリングの実施
6/4	9:00	12:00	12:45	17:00	7:15 7:00	7.25 7.0	事務所	計画策定	事務所にてヒアリング結果のとりまとめ、財務状況の分析・調査の実施
6/7	9:00	12:00	12:45	17:00	7:00	7.0	事務所	計画策定	事務所にて改善計画の策定
6/10	13:00			15:30	2:30	2.50	●▲(株)	ヒアリング	経営者に対して、計画策定に係る報告・打ち合わせ

従事時間は30分単位で記入し、30分に
満たない場合は切捨てて申請ください。
本ケースでは下段にあるように切捨て後
の時間数にて記入ください。
※切捨て前の時間は記入不要です。

実際の業務内容について
具体的に記載してください

税込金額です。
単価×計算時間
※少数点以下は切り捨て

計算時間合計　18.5

時間		単価		合計
18.5	×	¥8,640	=	¥159,840

別紙③

平成　年　月　日

記 入 例

モニタリング費用支払申請書（早期経営改善計画策定支援）

> 「費用支払申請書」は、証拠書類等が全てそろった後で、日付を記入して申請します。

1. 申請者（中小企業・小規模事業者）

申請者名	●▲株式会社	印	業種	卸売	担当者	代表取締役 経営太郎
住所	〒○○○-○○○○ 東京都世田谷区丸の内×××		電話番号	03-××××-××××	電話番号	

2. 認定支援機関たる専門家

認定機関名	Y会計税理士法人	印	業種	税理士法人	担当者	Y田 Y子
住所	〒○○○-○○○○ 東京都世田谷区丸の内×××		認定支援機関ID	×××××××××××	電話番号	03-××××-××××
金融機関	●■	（銀行）信用金庫・信用組合・郵便局		支店名	▲■	支店
口座番号	当座・（普通）・その他	口座番号	×××××	口座名義	Y会計税理士法人	

> 口座番号等は支払がある場合のみ記入します。

> 認定支援機関IDは、認定支援機関ごとに付与されている12桁の番号を記入してください。
> 認定支援機関の一覧及びID番号については、下記ホームページをご参照ください。
> https://www.chusho.meti.go.jp/keiei/kakushin/nintei/

3. 外部専門家が行ったモニタリングについて（モニタリング対象とする時点）

実施者	Y田Y子			
実施日	平成 30年　○月　○日 ～ 平成 30年　○月　○日（モニタリング対象とする時点：平成30年○月○日）			
実施先	金融機関名	担当部署	担当者名	報告方法
	A信用金庫	審査部	○×	訪問説明

> 「報告方法」欄に金融機関への報告方法を記入します。モニタリング報告について、郵送やメール送信で行う場合は、金融機関の了解が必要です。

4. モニタリングに要した費用（従事時間管理表、請求書、振込受付書・払込取扱票等を添付）

費用（作業等）内容	金額（税込・円）
面談（ヒアリング4，5H）	38,880
資料作成（3H）	25,920
合計	64,800

> モニタリング費用総額（3／3）を記入します。

※ 支払額（補助額）はモニタリング費用合計額の3分の2となります。また、補助額の上限は5万円までとなります。

5. 情報の取り扱い

申請者及び認定支援機関は、本事業に関する申請者の情報が商工会議所等が実施する中小企業再生支援事業の支援業務部門及び中小企業再生支援全国本部、経済産業省に開示され、申請者の個社名の特定に繋がらない形式で、利用実績がホームページ等で公表されることにつき、同意いたします。

チェックリスト

> 添付漏れや記載漏れがないか確認します。

No	外部専門家確認欄	専門相談員確認欄	チェック内容
1	☑	☐	申請書に申請者と外部専門家による必要事項の記載、押印はあるか
2	☑	☐	申請者と外部専門家との連名で提出されているか
3	☑	☐	記入・添付書類に漏れがないか
	☑	☐	①モニタリング報告書（早期経営改善計画策定支援）
	☑	☐	②業務別請求明細書（早期経営改善計画策定支援）
	☑	☐	③従事時間管理表（業務日誌）（早期経営改善計画策定支援）
	☑	☐	④外部専門家の請求書類（支援センター宛）の原本
	☑	☐	⑤申請者及び外部専門家が締結するモニタリングに関する契約書の写し
	☑	☐	⑥申請者によるモニタリング費用負担額（1／3）の支払を示す振込受付書・払込取扱票等の写し

資料編

モニタリング報告書（早期経営改善計画策定支援）

別紙③－1

記 入 例

○事業者（申請者）の概要

事業者（申請者）又は外部専門家は、早期経営改善計画書に記載した事業者（申請者）の概要を記載する。

事業者名	株式会社ヴィーノ 代表取締役 計画 太郎					
連絡先	03-××××-××××	住所	××県△△市●●			
業種	飲食業	設立年月日	S52.9.1	年商	30百万円	
事業内容	イタリア料理店	代表者	●●	年齢	60歳	
資本金	1百万円	従業員数（うちパート人員数）	6名(3名)	主要金融機関	A銀行	
事業内容・沿革	昭和52年9月 ××県△△市にて創業 平成23年12月 ××県△△市に新店舗設立					
金融機関	①A銀行	②B銀行	③C信金	④	⑤	⑥

株主構成	名前	株数	関係	役員構成	名前	役職
	●●	1,000	社長		●●	代表取締役
	●●	500	長女		●●	取締役
	●●	300	長男		●●	取締役
	計	1,800				

○経営改善計画での具体的施策（アクションプラン）

事業者（申請者）又は外部専門家は、経営改善計画書に記載した「アクションプラン」を記載する。

早期経営改善計画から転写してください。

アクションプランの内容

	事業者の課題	実施時期	経営改善計画の具体的施策の内容	計画0年目（令和元年9月期）	計画1年目（令和2年9月期）
1	店舗毎の客層を把握しておらず、幅広い顧客に対応するため材料を多く仕入れているが廃棄食材料も多い	今期中	●商店でどのようなお客様が来店しているかを調べて実態を把握する。●把握した客層を踏まえたメニューを設定して売上げ増加につなげる。	±0	売上・1%
2	料理毎の原価を把握しておらず、利益率などを意識した経営ができていない。	①の結果を踏まえ速やかに着手	●料理毎の原価を把握する●利益率を勘案して「今日のおすすめ料理」を設定する。	±0	原価率▲1%
3	資金不足になると安易に資金を調達し、販管費などの見直しが出来ていない	当期中に着手来期中に目処	●共通費なども考慮した店舗別の損益を把握する。●商店を比較し、販管費の削減につなげる。●社長以外にもこれらについて検討できるよう、後継者についても検討していく。	±0	販管費▲0.5M

モニタリングを実際に実施した日を記載するとともに、何月何日時点の数値を元にモニタリングを実施したのかがわかるように記載してください。

○モニタリング実施時の具体的施策の進捗状況

事業者（申請者）及び外部専門家はモニタリング実施時に、早期経営改善計画に記載した具体的施策の実施状況等について記載する。

モニタリング	予定日：令和2年10月30日　　開催日：令和2年11月4日（令和2年9月30日時点の数値をもとにモニタリング実施）	
事業者（申請者）記載欄	アクションプランの進捗状況	客層についてはアンケートの実施により把握、あわせて、原価率を精査し、両店舗の客層や原価率にあわせてメニューを見直した。また、共通経費について見直しを行い、販管費を▲3百万円とした。
外部専門家記載欄	アクションプランの進捗状況	アクションプラン通りに見直しをすすめているものの、販管費の節減目標には届かなかった。更に見直せる余地が無いか検討している。
	計画推進に向けた指導内容	営業強化については●●●に関し×××といった指導を行った。また経費節減に関して△△△に関し□□□といった指導を行った。
	今後の課題と考慮事項	販管費の節減については更なる節減が可能であるため、早急に対策を実施する必要がある。原価率についても、一過性のものとするのでは無く、定期的に見直す必要がある。
	その他	

別紙③-2

記 入 例

業務別請求明細書（早期経営改善計画策定支援）

> 申請者名及び業務を実施した認定
> 支援機関名を記入してください。

申請者名　●▲株式会社（Y会計税理士法人

> 税込金額で記
> 入すること

○モニタリング

	時間数・単価等	従事時間	合計金額（税込）
モニタリング	7.5 時間×8,640 円	7.5	64,800
費用総額			64,800 （うち消費税8%、 4,800 円）
モニタリング費用 支払申請金額	費用金額の2／3		43,200

※実施された早期経営改善計画策定支援の内容は、経営改善支援センターが確認手続を行った後、早期経
　営改善計画策定支援に伴い生じた費用（モニタリング費用を含む）の2/3（上限20万円）を負担します。

※本明細書は、あくまでもサンプルであり、作業単価は外部専門家の専門性及び地域性によって、異なる
　ことを想定しています

資料編

様式第1

経営力向上計画に係る認定申請書

年　　　月　　　日

主務大臣名　殿

住　　　所

名　称　及　び

代表者の氏名

　中小企業等経営強化法第17条第1項の規定に基づき、別紙の計画について認定を受けたいので申請します。

資料6-2	経営力向上計画①

(別紙)

経営力向上計画

1 名称等

事業者の氏名又は名称 _____

代表者の役職名及び氏名 _____

資本金又は出資の額 _____ 常時使用する従業員の数 _____

法人番号 _____ 設立年月日 _____

2 事業分野と事業分野別指針名

事業分野 [　　　　　　　] 　事業分野別指針名 [　　　　　　　]

3 実施時期

　　　　年　　月～　　年　　月

4 現状認識

<table>
<tr><td>①</td><td>自社の事業概要</td><td colspan="6"></td></tr>
<tr><td>②</td><td>自社の商品・サービスが対象とする顧客・市場の動向、競合の動向</td><td colspan="6"></td></tr>
<tr><td rowspan="8">③</td><td rowspan="8">自社の経営状況</td><td colspan="6">ローカルベンチマークの算出結果</td></tr>
<tr><td colspan="3">（現状値）</td><td colspan="3">（計画終了時目標値）</td></tr>
<tr><td>指標</td><td>算出結果</td><td>評点</td><td>指標</td><td>算出結果</td><td>評点</td></tr>
<tr><td>①売上高増加率</td><td>％</td><td></td><td>①売上高増加率</td><td>％</td><td></td></tr>
<tr><td>②営業利益率</td><td>％</td><td></td><td>②営業利益率</td><td>％</td><td></td></tr>
<tr><td>③労働生産性</td><td>（千円）</td><td></td><td>③労働生産性</td><td>（千円）</td><td></td></tr>
<tr><td>④EBITDA有利子負債倍率</td><td>（倍）</td><td></td><td>④EBITDA有利子負債倍率</td><td>（倍）</td><td></td></tr>
<tr><td>⑤営業運転資本回転期間</td><td>（ヶ月）</td><td></td><td>⑤営業運転資本回転期間</td><td>（ヶ月）</td><td></td></tr>
</table>

※ 表末尾：⑥自己資本比率 ％ ／ ⑥自己資本比率 ％

資料編

159

④	経営課題	

5　経営力向上の目標及び経営力向上による経営の向上の程度を示す指標
※労働生産性を用いる場合は、「B計画終了時の目標」は正の値とすること。

指標の種類	A現状（数値）	B計画終了時の目標（数値）	伸び率（(B−A)／A）(%)

6　経営力向上の内容
（1）現に有する経営資源を利用する取組　　　　　　　　有　・　無

（2）他の事業者から取得した又は提供された経営資源を利用する取組　有　・　無

（3）具体的な実施事項

	事業分野別指針の該当箇所	事業承継等の種類	実施事項（具体的な取組を記載）	実施期間	新事業活動への該非（該当する場合は○）
ア					
イ					
ウ					

7　経営力向上を実施するために必要な資金の額及びその調達方法
（1）　具体的な資金の額及びその調達方法

実施事項	使途・用途	資金調達方法	金額（千円）

※7（2）以降の項目は、希望する支援措置に応じて記載。
（2）　純資産の額が零を超えること

純資産の合計額	証明書等

（3）　ＥＢＩＴＤＡ有利子負債倍率が10倍以内であること

ＥＢＩＴＤＡ有利子負債倍率	証明書等

8　経営力向上設備等の種類

	実施事項	取得年月	利用を想定している支援措置	設備等の名称／型式	所在地
1			A・B・C・D		
2			A・B・C・D		
3			A・B・C・D		

	設備等の種類	単価（千円）	数量	金額（千円）	証明書等の文書番号等
1					
2					
3					

設備等の種類別小計	設備等の種類	数量	金額（千円）
	機械装置		
	器具備品		
	工具		
	建物附属設備		
	ソフトウエア		
合計			

9　特定許認可等に基づく被承継等特定事業者等の地位

資料編

１０　事業承継等事前調査に関する事項

事業承継等事前調査の種類	実施主体	実施内容
法務に関する事項		
財務・税務に関する事項		

１１　事業承継等により、譲受け又は取得する不動産の内容

（土地）

	実施事項	所在地番	地目	面積 （㎡）	事業承継等の種類	事業又は資産の譲受け元名
1						
2						
3						

（家屋）

	実施事項	所在家屋番号	種類構造	床面積 （㎡）	事業承継等の種類	事業又は資産の譲受け元名
1						
2						
3						

様式第21

施行規則第17条第2項の規定による確認申請書

（特例承継計画）

令和●年●月●日

●●県知事　殿

郵　便　番　号　000-0000

会 社 所 在 地　●●県●●市…

会　　社　　名　経済クリーニング株式会社

電　話　番　号　***-***-****

代表者の氏名　経済　一郎

経済　二郎

　中小企業における経営の承継の円滑化に関する法律施行規則第17条第1項第1号の確認を受けたいので、下記のとおり申請します。

記

1　会社について

主たる事業内容	生活関連サービス業(クリーニング業)
資本金額又は出資の総額	5,000,000 円
常時使用する従業員の数	8人

2　特例代表者について

特例代表者の氏名	経済　太郎
代表権の有無	□有　☑無（退任日平成30年3月1日）

3　特例後継者について

特例後継者の氏名（1）	経済　一郎
特例後継者の氏名（2）	経済　二郎
特例後継者の氏名（3）	

4　特例代表者が有する株式等を特例後継者が取得するまでの期間における経営の計画について

資料編

株式を承継する時期（予定）	令和〇年3月1日相続発生
当該時期までの経営上の課題	（株式等を特例後継者が取得した後に本申請を行う場合には、記載を省略することができます）
当該課題への対応	（株式等を特例後継者が取得した後に本申請を行う場合には、記載を省略することができます）

5 特例後継者が株式等を承継した後5年間の経営計画

実施時期	具体的な実施内容
1年目	郊外店において、コート・ふとん類に対するサービスを強化し、その内容を記載した看板の設置等、広告活動を行う。
2年目	新サービスであるクリーニング後、最大半年間（又は一年間）の預かりサービス開始に向けた倉庫等の手配をする。
3年目	クリーニング後、最大半年間（又は一年間）の預かりサービス開始。（預かり期間は、競合他店舗の状況を見て判断。） 駅前店の改装工事後に向けた新サービスを検討。
4年目	駅前店の改装工事。 リニューアルオープン時に向けた新サービスの開始。
5年目	オリンピック後における市場（特に土地）の状況を踏まえながら、新事業展開（コインランドリー事業）又は新店舗展開による売り上げ向上を目指す。

（備考）
① 用紙の大きさは、日本工業規格 A4 とする。
③ 申請書の写し（別紙を含む）及び施行規則第 17 条第 2 項各号に掲げる書類を添付する。
④ 別紙については、中小企業等経営強化法に規定する認定経営革新等支援機関が記載する。

（記載要領）
① 「2　特例代表者」については、本申請を行う時における申請者の代表者（代表者であった者を含む。）を記載する。
② 「3　特例後継者」については、該当するものが一人又は二人の場合、後継者の氏名（2）の欄又は（3）の欄は空欄とする。
③ 「4　特例代表者が有する株式等を特例後継者が取得するまでの期間における経営の計画」については、株式等を特例後継者が取得した後に本申請を行う場合には、記載を省略することができる。

（別紙）

認定経営革新等支援機関による所見等

1 認定経営革新等支援機関の名称等

認定経営革新等支援機関ID番号	106··········
認定経営革新等支援機関の名称	●● ●●税理士事務所
（機関が法人の場合）代表者の氏名	●● ●●
住所又は所在地	●●県●●市…

2 指導・助言を行った年月日
　　　　令和○ 年 5 月 3 日

3 認定経営革新等支援機関による指導・助言の内容

売上の7割を占める駅前店の改装工事に向け、郊外店の売上増加施策が必要。競合他店が行っている預かりサービスを行うことにより、負の差別化の解消を図るように指導。

駅前店においても、改装工事後に新サービスが導入できないか引き続き検討。
サービス内容によっては、改装工事自体の内容にも影響を与えるため、2年以内に結論を出すように助言。

また、改装工事に向けた資金計画について、今からメインバンクである●●銀行にも相談するようにしている。

なお、土地が高いために株価が高く、一郎・二郎以外の推定相続人に対する遺留分侵害の恐れもあるため「遺留分に関する民法の特例」を紹介。

様式第二十二

先端設備等導入計画に係る認定申請書

年　　　月　　　日

殿

住　　　　所　〒
名　称　及　び
代表者の氏名

　中小企業等経営強化法第52条第1項の規定に基づき、別紙の計画について認定を受けたいので申請します。

（備考）
　用紙の大きさは、日本産業規格A4とする。

（記載要領）
　申請者は以下の要領に従って、先端設備等導入計画の必要事項を記載し、中小企業等経営強化法第52条第4項の認定要件を満たすことを示すこと。
　申請者名は、共同で先端設備等導入計画を実施する場合においては、当該計画の代表事業者の名称及びその代表者の氏名を記載し、代表事業者以外の先端設備等導入計画参加事業者については、申請書の余白に事業者名を記載すること。
1　名称等
　　正確に記載すること。ただし、法人番号については、個人事業主等、法人番号が指定されていない者は、記載不要とする。
　　「主たる事業」の欄には、日本標準産業分類の中分類を記載すること。
2　計画期間
　　3年間以上5年間以内として定めること。
3　現状認識
　①　自社の事業概要

　　　自社の事業の内容について、概要を記載すること。
　②　自社の経営状況
　　　自社の財務状況について、売上高増加率、営業利益率、労働生産性、自己資本比率その他の財務情報の数値を参考に分析し、改善すべき項目等について記載すること。
4　先端設備等導入の内容
（1）事業の内容及び実施時期
　①　具体的な取組内容
　　　導入する先端設備等や取組内容の概要について具体的に記載すること。
　②　将来の展望
　　　①の取組を通じた将来の経営状況の展望について具体的に記載すること。
（2）先端設備等の導入による労働生産性向上の目標
　　　現状及び計画終了時における労働生産性の目標を記載すること。
　　　労働生産性は、営業利益、人件費及び減価償却費の合計を、労働投入量（労働者数又は労働者数×一人当たり年間就業時間）で除したものを用いること。
（3）　先端設備等の種類及び導入時期
　①　先端設備等導入計画に基づき取得する先端設備等について記載すること。なお、先端設備等のうち、建物以外のものについては＜建物以外＞以下の欄に、建物については＜建物＞以下の欄に、それぞれ記載すること。
　②　「所在地」の欄には、当該設備等が所在する（予定を含む）場所を都道府県名及び市町村（特別区を含む。）を含む住所を記載すること。
　③　＜建物以外＞以下の欄における「設備等の種類」の欄には、機械及び装置、器具及び備品、工具、建物附属設備並びにソフトウエアの減価償却資産の種類を記載すること。
　④　＜建物以外＞以下の欄における「設備等の種類別小計」の欄には、減価償却資産の種類ごとの小計値を記載すること。
　⑤　項目数が足りない場合は、列を追加すること。
5　先端設備等導入に必要な資金の額及びその調達方法
（1）　先端設備等導入に当たって必要な資金の額及びその使途・用途を記載すること。
（2）同一の使途・用途であっても、複数の資金調達方法により資金を調達する場合には、資金調達方法ごとに項目を分けて記載すること。
（3）「資金調達方法」の欄には、自己資金、融資、補助金その他の資金の調達方法を記載すること。
（4）項目数が足りない場合は、列を追加すること。

別　紙

先端設備等導入計画

1　名称等

1	事業者の氏名又は名称	
2	代表者名（事業者が法人の場合）	
3	法人番号	
4	資本金又は出資の額	
5	常時使用する従業員の数	
6	主たる業種	

2　計画期間

　　　　　年　　月　〜　　　年　　月

3　現状認識

①自社の事業概要

②自社の経営状況

4　先端設備等導入の内容
（1）事業の内容及び実施時期

①具体的な取組内容

②将来の展望

（2）先端設備等の導入による労働生産性向上の目標

現状 （A）	計画終了時の目標 （B）	伸び率 （B－A）／A
千円	千円	％

（3）先端設備等の種類及び導入時期

＜建物以外＞

	設備等名／型式	導入時期	所在地
1		年　　　月	
2		年　　　月	
3		年　　　月	
4		年　　　月	
5		年　　　月	

	設備等の種類	単価 （千円）	数量	金額 （千円）	証明書等の 文書番号
1					
2					
3					
4					
5					

	設備等の種類	数量	金額（千円）
設備等の種類別 小計			
合計			

＜建物＞

	導入時期	所在地	金額（千円）
1	年　　　月		
2	年　　　月		
3	年　　　月		
4	年　　　月		
5	年　　　月		
合計			

資料8-1 先端設備等導入計画⑤

5　先端設備等導入に必要な資金の額及びその調達方法

使途・用途	資金調達方法	金額（千円）

資料編

171

認定支援機関確認書

年　　　月　　　日

事業者名　　　殿

認定支援機関ＩＤ番号

住　　　所
名　　　称
代表者役職
代表者氏名　　　　　　　　　　　　　㊞

先端設備等導入計画に関する確認書

先端設備等導入計画の記載内容について、以下のとおり確認しました。

１．認定経営革新等支援機関担当者名等
　①認定経営革新等支援機関担当者名
　②認定経営革新等支援機関電話番号
　③認定経営革新等支援機関担当者メールアドレス

２．先端設備等導入計画の実施に対する所見

　・先端設備等導入計画の期間　　　年間

項目（注）	所見
生産・販売活動等に直接つながる先端設備等を導入することにより、目標を達成しうるような労働生産性の向上が見込めるか。	

※　認定支援機関ＩＤ番号については、各経済産業局 web サイトを参照のうえ記入ください。web サイトに記載がない場合は、認定を受けた各経済産業局にお問い合わせください。
※　「事業者名」は、先端設備等導入計画を申請する中小企業者を記入してください。
※　「代表者氏名」に記入する氏名は、本確認書を記載する認定支援機関の内部規定等により判断してください。
※　「所見」は、導入する先端設備等が生産・販売活動等に直接利用されているか、先端設備等の導入によって労働生産性向上の目標の達成に寄与するかといった観点から内容を確認し、所見を記載してください。確認にあたり、事業内容や計画の記載内容に対する改善提案、アドバイスを行った場合は、その内容も記載してください。

	勘定項目等	確認事項
1	収益、費用の基本的な会計処理	収益は、原則として、製品、商品の販売又はサービスの提供を行い、かつ、これに対する現金及び預金、売掛金、受取手形等を取得した時に計上され、費用は、原則として、費用の発生原因となる取引が発生した時又はサービスの提供を受けた時に計上されているか。
		収益とこれに関連する費用は、両者を対応させて期間損益が計算されているか。
2	資産、負債の基本的な会計処理	資産は、原則として、取得価額で計上されているか。
		負債のうち、債務は、原則として、債務額で計上されているか。
3	金銭債権及び債務	預貯金は、残高証明書又は預金通帳等により残高が確認されているか。
		金銭債権がある場合、原則として、取得価額で計上されているか。
		金銭債務がある場合、原則として、債務額で計上されているか。
		受取手形割引額及び受取手形裏書譲渡額がある場合、これが貸借対照表の注記とされているか。
4	貸倒損失	法的に消滅した債権又は回収不能な債権がある場合、これらについて貸倒損失が計上されているか。
	貸倒引当金	回収不能のおそれのある債権がある場合、その回収不能見込額が貸倒引当金として計上されているか。
5	有価証券	有価証券がある場合、原則として、取得原価で計上され、売買目的の有価証券については、時価で計上されているか。
		時価が取得原価よりも著しく下落した有価証券を保有している場合、回復の見込みがあると判断されたときを除き、評価損が計上されているか。
6	棚卸資産	棚卸資産がある場合、原則として、取得原価で計上されているか。
		時価が取得原価よりも著しく下落した棚卸資産を保有している場合、回復の見込みがあると判断されたときを除き、評価損が計上されているか。
7	経過勘定	経過勘定がある場合、前払費用及び前受収益は、当期の損益計算に含まれず、また、未払費用及び未収収益は、当期の損益計算に反映されているか。
		(注) 金額的に重要性の乏しいものについては、受け取った又は支払った期の収益又は費用として処理することも認められます。
8	固定資産	固定資産がある場合、原則として、取得原価で計上されているか。
		有形固定資産は、定率法、定額法等の方法に従い、無形固定資産は、原則として定額法により、相当の減価償却が行われているか。
		(注)「相当の減価償却」とは、一般的に、耐用年数にわたって、毎期、規則的に減価償却を行うことが考えられます。

資料編

	勘定項目等	確認事項
8	固定資産	固定資産について、災害等により著しい資産価値の下落が判明した場合は、相当の金額が評価損として計上されているか。
9	繰延資産	資産として計上した繰延資産がある場合、その効果の及ぶ期間で償却されているか。
		法人税法固有の繰延資産がある場合、長期前払費用等として計上され、支出の効果の及ぶ期間で償却されているか。
10	リース取引	リース取引に係る借手である場合、賃貸借取引又は売買取引に係る方法に準じて会計処理が行われているか。
11	引当金	将来の特定の費用又は損失で、発生が当期以前の事象に起因し、発生の可能性が高く、かつ、その金額を合理的に見積ることができる場合、賞与引当金や退職給付引当金等として計上されているか。 (注) 金額的に重要性の乏しいものについては、計上する必要はありません。
		中小企業退職金共済、特定退職金共済等が利用されている場合、毎期の掛金が費用処理されているか。
12	外貨建取引等	外貨建金銭債権債務がある場合、原則として、取引時の為替相場又は決算時の為替相場による円換算額で計上されているか。
		決算時の為替相場によった場合、取引時の円換算額との差額を為替差損益として損益処理されているか。
13	純資産	純資産のうち株主資本は、資本金、資本剰余金、利益剰余金等から構成されているか。
		期末に自己株式を保有する場合、純資産の部の株主資本の末尾に自己株式として一括控除する形式で表示されているか。
14	注記	会社計算規則に基づき、重要な会計方針に係る事項、株主資本等変動計算書に関する事項等が注記されているか。
		会計処理の方法が変更された場合、変更された旨、合理的理由及びその影響の内容が注記されているか。
		中小会計要領に拠って計算書類が作成された場合、その旨の記載の有無を確認したか。
15		すべての取引につき正規の簿記の原則に従って記帳が行われ、適時に、整然かつ明瞭に、正確かつ網羅的に会計帳簿が作成されているか。
		中小会計要領で示していない会計処理の方法が行われている場合、その処理の方法は、企業の実態等に応じて、一般に公正妥当と認められる企業会計の慣行の中から適用されているか。

本書は、これまでTKC全国会中小企業支援委員会が行ってきた認定支援機関に関する研修会等の内容をベースに制作したものです。

多くの方々のご協力をいただいておりますが、紙幅の関係から、ここでは過去の研修会テキストの制作に携わられた方々のお名前をご紹介します。

（50音順）

赤岩　　茂（税理士・公認会計士）　　小林　雄介（税理士）

浅野　雅大（税理士）　　　　　　　　佐藤　正行（税理士）

石田　直樹（税理士・公認会計士）　　鈴木　信二（税理士）

石塚　啓治（税理士）　　　　　　　　高田　勝人（税理士）

稲垣　勝弘（税理士）　　　　　　　　田中　壮嗣（税理士・公認会計士）

今仲　　清（税理士）　　　　　　　　津田　弘一（税理士）

大藤　正樹（税理士）　　　　　　　　寺島　智成（税理士）

押田　吉真（税理士）　　　　　　　　原口　卓也（税理士）

金子　庄一（税理士）　　　　　　　　藤原　　均（税理士）

川上　哲司（税理士）　　　　　　　　北條　伊織（税理士）

菊池　祐輝（税理士）　　　　　　　　増山　英和（税理士）

木村　治司（税理士）　　　　　　　　松﨑堅太朗（税理士・公認会計士）

金城　達也（税理士）　　　　　　　　山波　学也（税理士）

久乗　　哲（税理士）　　　　　　　　山本　清尊（税理士）

　　　　　　　　　　　　　　　　　　湯川　直樹（税理士）

●編者・執筆者一覧 （肩書きは初版制作当時のものです）

TKC全国会 中小企業支援委員会

委 員 長　増山　英和（税理士）

副委員長　松﨑堅太朗（税理士・公認会計士）

経営支援企画小委員会

委 員 長　高田　勝人（税理士）

委 　 員　山波　学也（税理士）

委 　 員　石塚　啓治（税理士）

委 　 員　久乗　　哲（税理士）

委 　 員　津田　弘一（税理士）

特別委員　菊池　祐輝（税理士）

特別委員　田中　壮嗣（税理士・公認会計士）

金融機関等関連小委員会

特別委員　湯川　直樹（税理士）

税理士のための
認定支援機関実務ガイド　令和3年10月改訂版

2019年 7月26日	第1版第1刷	定価2,750円（本体2,500円＋税10%）
2021年10月15日	第2版第1刷	

編　　著　TKC全国会中小企業支援委員会

発 行 所　株式会社ＴＫＣ出版

〒162-0825 東京都新宿区神楽坂2-17
中央ビル2F　TEL03（3268）0561

装　　丁　株式会社グローバルブランディングマネジメント

ＤＴＰ　株式会社ぺぺ工房